図解 眠れなくなるほど面白い

職業と給料の話

就職・採用活動コンサルタント
高田晃一 監修
KOICHI TAKADA

※給料・給与の金額は、厚生労働省の労働白書や人事院の実態調査、上場企業のIR情報、求人情報の統計や口コミ、参考文献をもとに編集部による調査、試算を加えて独自に算出しました。本書のデータはあくまで参考値となりますので、業界や企業の賃金、仕事内容を裏付けるものではありません。本書によるいかなる損害につきましても、弊社ならびに監修者は一切の責任を負いかねますのでご了承ください。

日本文芸社

はじめに

本書を手に取っていただき、ありがとうございます。監修の高田晃一です。私は学生に対して就職活動を支える仕事と、企業に対して新卒採用を成功できる方法を教える仕事をしています。2011年3月にこの仕事を始めて、22000名以上の就活生を内定獲得に導き、250社以上の新卒採用を成功し続けられる仕組みを作りました。就活生という求職者側と採用する企業側というコインの表裏の両方を相手に仕事をしています。

両面を見てよくわかるのは、「就活生も企業も、ほんの一部分しか見ていない」ということです。全体から見ればほんの一部分でしかない、メディアに大きく報じられる内容が「すべてだ」と勘違いして、その少ない選択肢から選び、少数の企業だけに応募が集中する、これが不幸の始まりです。よって、就職難が起きてしまうのです。

私は1977年生まれですので、就職氷河期の真っ只中で新卒の就職活動をしました。しかし、世界トップのシェアを獲っている国内大手企業10社から内定をいただきました。「就職難だ！」「不況だ！」と言われても、その影響をまったく受けず、売上も給料も求人も全く減らない安定した業界があります。しかしそういった安定した業界ほど、世間的な知名度がまったく無いため、採用に困っています。募集しても応募者がまったく来ないのです。私が新卒の就活で内定を獲得した10社とは、そのような会社でした。その10社のような会社を応援して、日本のさらなる隆盛に貢献したい、と考えて私は採用活動を教える仕事をしています。

本書は、世間で人気のある仕事の給料とリアルを載せるとともに、不況に陥っても売上も給料も求人もまったく減らない安定した仕事についても解説しました。読者の方は、その仕事の名前は知っているかもしれません。しかし「こんなに稼げるとは知らなかった！」「不況でもクビを切られる不安がない安定した仕事とは知らなかった！」と気付いて、今後の就職活動の大きな参考にしていただけると、私は非常にうれしい所存であります。

高田晃一

CONTENTS

士業の仕事

第4章

医療・介護系の仕事

第5章 飲食・サービス系の仕事

第6章 アスリートの仕事

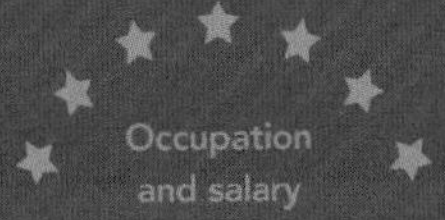

序章

不況に強い！電気・水道・ガスの仕事

本書の読み方

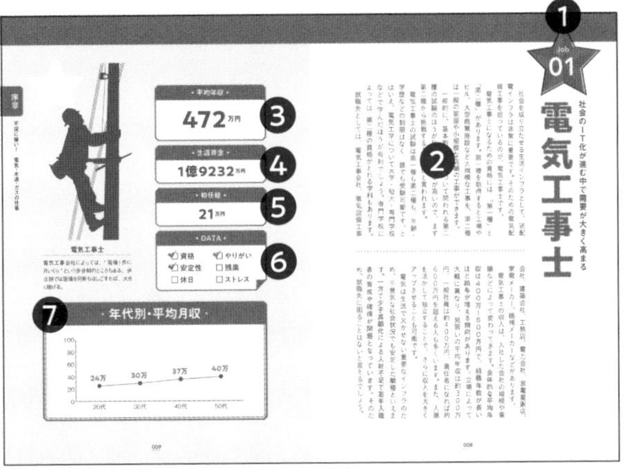

❶職業名

❷職業の詳細
職業の仕事内容、就職するまでのプロセス、給料についてを紹介。

❸平均年収・❹生涯賃金
あらゆる統計データより概算。職業ごとの一般的な雇用期間の年数で積算した数字。

❺初任給
新卒の初任給の平均額。

❻DATA
就職までの条件や職場環境のチェックリスト。該当するものにチェックを入れた。

- ☑**資格**…資格試験が必要
- ☑**安定性**…長期的に安定して働ける
- ☑**休日**…平均年間休日120日以上の休日がある
- ☑**やりがい**…やりがいの高い仕事
- ☑**残業**…平均月間残業時間25時間以上の残業がある
- ☑**ストレス**…仕事の量的負担や危険性がともなう

❼年代別・平均月収
20代～50代までの年代別の平均月収をグラフで表した。

Job 01

電気工事士

社会のIT化が進む中で需要が大きく高まる

社会を成り立たせる生活インフラとして、送配電インフラは非常に重要です。そのための電気配線工事を担っているのが、電気工事士です。

電気工事士になるための資格には、「第一種」と「第二種」があります。第一種を取得すると工場やビル、大型商業施設など大規模な工事を、第二種は一般の家屋や小規模な店舗の工事ができます。

一般的に、基本的な知識について問われる第二種の試験のほうが比較的合格率が高いので、まず第二種から挑戦する人が多いと言われます。

電気工事士の試験は第一種も第二種も、年齢・学歴などの制限はなく、誰でも受験可能です。とはいえ、電気工学について大学・短大・専門学校などで学んだほうが有利でしょう。専門学校によっては、第二種の資格がとれる学科もあります。

就職先としては、電気工事会社、電気設備工事会社、建築会社、工務店、電力会社、家電量販店、家電メーカー、機械メーカーなどがあります。

電気工事士の収入は、入社した会社の規模や業績などによって変わってきます。**全体的な平均年収は400万〜500万円で、経験年数が長いほど給与が増える傾向があります。**立場によって大幅に異なり、見習いの平均年収は約300万円、一般社員は約400万円、責任者になれば約600万円を超える人も多くいます。また、人脈を活かして独立することで、さらに収入を大きくアップさせることも可能です。

電気は生活で欠かせない重要なインフラのため、不景気な社会状況でも安定した職種といえます。**一方で少子高齢化による人材不足で若手入職者の育成や確保が問題となっています。**そのため、就職先に困ることはないと言えるでしょう。

電気工事士

電気工事会社によっては、"現場1件に月いくら"という歩合制のところもある。歩合制では現場を何軒もはしごすれば、大きく稼げる。

★ 平均年収 ★

472万円

★ 生涯賃金 ★

1億9232万円

★ 初任給 ★

21万円

★ DATA ★

- ☑ 資格
- ☑ やりがい
- ☑ 安定性
- ☐ 残業
- ☐ 休日
- ☐ ストレス

★ 年代別・平均月収 ★

年代	平均月収
20代	24万
30代	30万
40代	37万
50代	40万

Job 02

水道工事士

景気に左右されない安定性が魅力

人間という生き物に絶対に必要な水。その水を行き渡らせるための水道は、社会にとって非常に重要なインフラです。我々が普段の生活の中で飲んだり使ったりする水は上水道で流れてきて、生活や産業の中で出された排水は下水道で流れていきます。こうしたインフラによって、水が社会の中を流れているのです。

水道工事は、水道局が実施する公共事業としてのものと、家屋内などで行うものの2種類に大きく分けられます。

どの工事にも、資格が必要となります。たとえば、上水道や工業用水道などのための取水、浄水、配水などの施設を作る工事を水道施設工事と呼びます。この水道施設工事を行うための許可を取るには、**「1級土木施工管理技士」などの国家資格を持つ専任技術者が必要です。**

また、家庭で蛇口を取り付けるのにも資格が求められます。蛇口や給水管、止水栓、水道メーターなどの給水装置を取り付けるには、「給水装置工事主任技術者」という資格が必要なのです。

こうした資格があれば、水道工事関連の会社で働けます。**水道工事に関する仕事の平均年収は約460万円で、日本全体の平均年収と比べると低めです。ですが、水道という業界の安定性には大きな魅力があります。**

すべての人は水を必要としますから、どれだけ景気が悪くなっても人は必ず水を求めます。そのため、水道業界は景気に左右されないのです。人が生きる上で水道インフラは必須ですから、水道工事に関わる仕事も好景気であろうと不景気であろうと、非常に安定しています。水道工事の仕事が世の中からなくなることはないのです。

水道工事士

水道事業が未発達な東南アジア地域などへの海外進出が、水道業界では考えられている。水道業界に就職すれば、海外でも働けるかもしれない。

★ 平均年収 ★

460万円

★ 生涯賃金 ★

1億8520万円

★ 初任給 ★

21万円

★ DATA ★

- ☑ 資格
- ☑ やりがい
- ☑ 安定性
- ☐ 残業
- ☐ 休日
- ☐ ストレス

★ 年代別・平均月収 ★

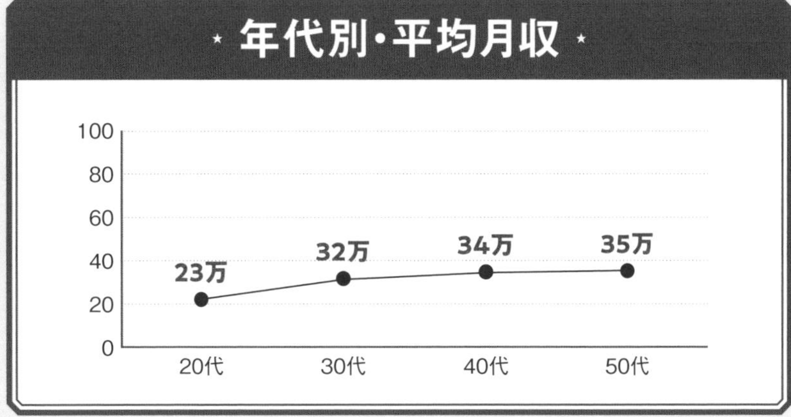

Job 03

ガス設備士

ガス自由化に合わせてニーズも高まっている

ガスを使わないオール電化の住宅も登場しましたが、やはりガスも重要な生活インフラです。そうした日常に不可欠なガスを取り扱う職種がガス設備士です。

ガス設備士はガスの設備工事や点検をする仕事を主に行います。**危険物であるガスの取り付けは専門的な技術が必要になるため、資格がなければ設備士になることができません。**

資格は一般的に「ガス主任技術者」を取る必要があります。これは、燃料ガスの製造から供給まで、すべての過程でガスの取り扱いに必要となる資格で、取得すると工事や維持、運用ができるようになります。

他にも、瞬間湯沸器などのガス機器の設置や施工では「ガス機器設置スペシャリスト」という資格が必要です。これがあれば、ガス可とう管（ガス機器とガス栓が接続されている箇所）の接続工事ができます。「簡易内管施工」は都市ガスの内管工事に必要で、ガスメーターの取り付けや取り外し工事のときなどに使える資格です。

ガス設備士の平均年収は500〜600万円と言われ、資格手当や残業代などによりさらに収入が増えます。一般的な会社員の平均年収よりも高めなのは、ガスの取り扱いはガス漏れや爆発事故につながる危険性もあり、責任重大な職種だからとも言えるでしょう。

ガス業界のこれからの動向ですが、利用者が自由にガス会社を選べるようになった「ガス自由化」が2017年からスタートし、様々な企業がガス業界に参入しています。市場も拡大していくと見られていますので、ガス工事関連の仕事は非常に手堅いと言えるでしょう。

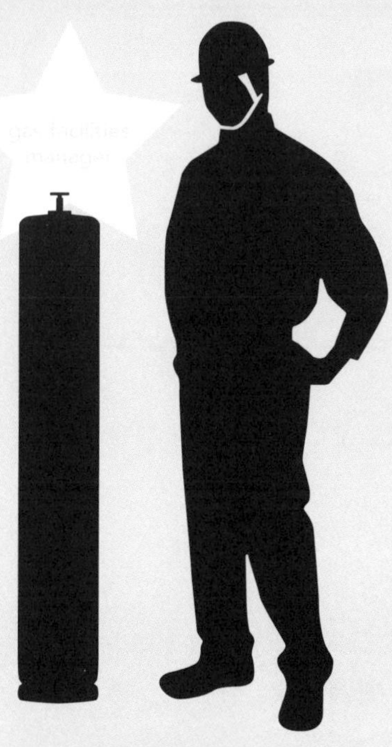

ガス設備士

LP ガス（液化石油ガス・プロパンガス）の配管工事は「液化石油ガス設備士」という資格が必要です。講習を受講することで受験することができます。

★ 平均年収 ★
580万円

★ 生涯賃金 ★
2億4000万円

★ 初任給 ★
20万円

★ DATA ★

- ☑ 資格
- ☑ やりがい
- ☑ 安定性
- ☐ 残業
- ☐ 休日
- ☐ ストレス

★ 年代別・平均月収 ★

年代	平均月収
20代	20万
30代	35万
40代	43万
50代	48万

COLUMN 1

国家資格の消防設備士は引く手あまたの最強の仕事

不況で失業率が上がっている今の日本では、将来AIに仕事を奪われてしまうのでは……といった不安の声もよく耳にします。そんななかで、**最強の仕事だと言われているのが「消防設備士」です。**

その理由として、仕事の安定性があります。消防設備士の業務は、消防設備の点検・整備・工事です。**消防設備が設置されている建物に年に数回点検を行わなければならず、建物の数だけ仕事があるのです。**そのため、社会情勢に左右されにくい職種と言われています。

消防設備士になるには資格が必要であり、1〜7類と特類と多岐にわたります。1〜3類はスプリンクラー設備や消火栓設備などの「消火」に関する設備を扱い、4類は「警報」、5類は「避難」、6類は「消化器」、7種は「漏電火災警報器」と定められています。特類は「特殊消防用設備」と呼ばれる、通常の設備よりも費用対効果の高いものや、複雑な構造の設備を扱うことが可能です。

そして、これらの種類はさらに**甲種と乙種の2種に分かれており、設置工事、整備、点検のすべてを行うことができるのは甲種の資格です。**そのため資格を取得した際に仕事の幅が狭まってしまわないように注意が必要です。乙種には特類がなく、甲種には6類、7類がないので、こうした仕組みも併せて押さえておきたいポイントです。

今では消防設備士の資格取得の勉強を無料で受けることができる支援事業もあるので、興味のある方はチェックしてみるのがよいでしょう。

第1章

公務員の仕事

Job 01

国家公務員

最上級の「総合職」は狭き門だが高収入&超安定

安定した仕事の代表格とも言える公務員は、国家公務員と地方公務員に分けられます。国家公務員は内閣府、総務省、法務省、財務省などの各省庁やその出先機関で働きます。国家機関の運営に携わる業務を行うのです。

国家公務員になるための試験は、大別すると「総合職」と「一般職」の2つの体系があります。最も難関と言われているのが総合職で、試験は院卒者試験と大卒程度試験の2種類。合格率はわずか6.6%で、合格すれば「キャリア官僚」として働くことになります。

一方「ノンキャリア」と呼ばれ、毎年多くの人たちが受験する職種が一般職です。試験は大卒程度試験、高卒者試験などの試験があり、合格率は約23%。総合職よりは難易度は低くなりますが、試験のレベルは一般的な資格試験よりは難しいと言われています。

他にも専門職の試験があり、学歴や専攻分野、携わる職種によって試験が異なります。倍率がとても高く、総合職と同じレベルの難易度と言われています。

これらの試験を合格した後に、最終的に「官庁訪問」が行われます。希望する官庁を訪問し、面接試験に合格できれば採用となります。

平均年収は686万円ですが、業種によって大きな差があり、**一般職は600万円程、総合職は800万円程と一般職よりも年収が高めです。**総合職は階級によって俸給月額が決まり地域手当も加算されるため、実際は年収が1500万円を超えることも珍しくないと言います。国家公務員になるには狭き門なだけあり、どの業種も高収入と安定が望めます。

国家公務員

キャリアの場合、国家公務員として関わった民間企業への天下りも可能。省庁内での出世レースに破れた人は、早期退職して民間に再就職する。

※総合職と一般職の平均額を算出

★ 平均年収 ★

686万円

★ 生涯賃金 ★

2億6000万円

★ 初任給 ★

21万円

★ DATA ★

- ☑ 資格
- ☑ 安定性
- ☑ 休日
- ☑ やりがい
- □ 残業
- □ ストレス

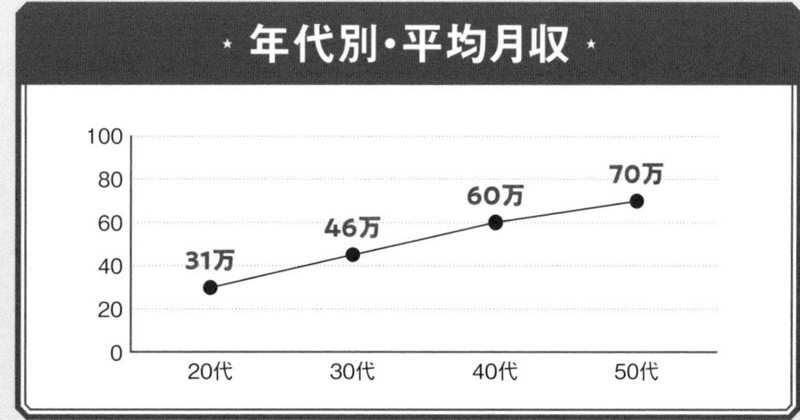

※メモ「令和2年国家公務員給与等実態調査の結果」を参考にしています。

Job 02

地方公務員

国家公務員にも負けない高給を手にしている

地方公務員は、都道府県や市町村などの地方自治体で働きます。公務員の大半は地方公務員で、8割以上を占めています。

国家公務員と同じように、地方公務員になるためには、試験に合格する必要があります。地方公務員試験は、各自治体が独自で行っているため、自治体ごとに内容に違いがありますが、**その難易度で「地方上級」、「地方中級」、「地方初級」に分かれています。**目安として上級は大学卒業程度、中級は短大・専門学校卒業程度、初級は高校卒業程度のレベルの試験内容となっています。

公務員として出世コースに乗れるのは上級です。初級・中級は現場が活動の場になり、本庁ではなく出先機関で働くことが多いです。

地方公務員の仕事は、福祉や教育、産業振興、町おこしなど、その自治体に密着した業務に携わります。**国家公務員が国の様々な機関を運営するのに対して、地方公務員は住民のニーズに応えるために働くという違いがあるのです。**

給与は働いている自治体によって違いがあります。2020年の総務省の調査データでは、**東京都の平均月収46万円が最上位、最下位は沖縄県の37万円でした。30代半ばの平均月収はおよそ32万～37万円で、**年収にすれば、一般的国家公務員にも負けていない額を手に入れることができます。他にも手当が充実しているのも特徴で、通勤手当、住居手当、扶養手当、調整手当、管理職手当など種類が豊富です。

地方公務員の給与には、「企業規模100人以上かつ事業所規模50人以上」の民間企業の平均に合わせるという基準があります。このため、地方公務員は高い額の給与をもらえているのです。

地方公務員

退職金も充実している。その退職金のために地方自治体は退職手当債という債券を発行している。つまり、自治体が借金で退職金をまかなっているのだ。

★ 平均年収 ★

728万円

★ 生涯賃金 ★

2億8150万円

★ 初任給 ★

16万円

★ DATA ★

- ☑ 資格
- ☑ 安定性
- ☑ 休日
- ☑ やりがい
- ☐ 残業
- ☐ ストレス

★ 年代別・平均月収 ★

年代	20代	30代	40代	50代
平均月収	28万	32万	40万	53万

Job 03

警察官

それなりの給与だが、勤務時間は長く仕事はハード

治安を守るために働く警察官も公務員です。警察官は「警察庁」と「各都道府県警察」で構成されています。警察庁と警視庁は名前が似ていますが、**国の行政機関として各地の警察を指揮しているのが警察庁、東京都の都道府県警察が警視庁という仕組みです。**

警察官には下から巡査、巡査長、巡査部長、警部補、警部、警視、警視正、警視長、警視監、警視総監という階級があります。都道府県警察の組織では地域課、生活安全課、刑事課などの部門に分かれ、交番のおまわりさんは地域課の所属。ドラマでよく見る刑事も刑事課の所属となります。

警察官になるためには警察官採用試験に合格しなければなりません。採用は「警察庁」、「都道府県警察」、「皇宮警察」の3つがあります。圧倒的に多いのが都道府県警察の採用で、警察庁と皇宮警察は国家公務員になるコースのため厳しい試験を突破しなければなりません。

警察庁の採用では「国家公務員採用試験」に合格する必要があります。皇宮警察は警察庁の附属機関で、天皇皇后両陛下を含めた皇族の護衛などを行います。皇宮警察になるには、「皇宮護衛官採用試験」に合格する必要があります。

警察官の給与は所属する組織、学歴、勤続年数、階級などによって変わるため、人によって金額に大きな違いがあります。平均年収は530万円で平均月収は32万円です。**この中に様々な手当が含まれ、約30％は手当の金額だと言われています。**ボーナスは年2回で、東京都では年間4．65か月分が支給されます。警察官は危険を伴う仕事のため、公務員の中でも給与は高めです。

警察官

手当で多いのは、時間外勤務などの超過労働手当。勤務時間が長くなり、24時間気が休まらないことも多いので、割に合わないと感じる人も多い。

平均年収

530万円

生涯賃金

3億3705万円

初任給

20万円

DATA

- ☐ 資格
- ☑ やりがい
- ☑ 安定性
- ☑ 残業
- ☑ 休日
- ☑ ストレス

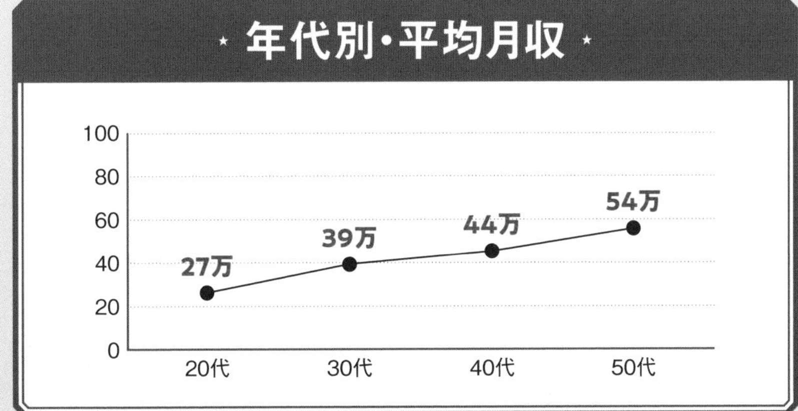

※給与は公安の俸給や手当によって変わります。正確な金額は俸給表などから確認してください。

Job 04

消防士

危険な仕事は給与にもきちんと反映される

人々の命や財産を守るために活動する消防士。火災現場で火を消す消火活動、病人やけが人を病院に運ぶ救急活動、事故や災害にあった人を助ける救助活動が、その主な仕事内容です。これらの他に、消防設備の検査や防災訓練の指導など、火災を防ぐための防災活動も行っています。

消防士は地方公務員で、各自治体の試験に合格すれば、消防士になることができます。試験は大卒レベルの難易度の専門系とⅠ類、短大卒レベルの難易度のⅡ類、高卒レベルの難易度のⅢ類に分類されていることが多いです。

なお、大卒、短大卒、高卒というのは、あくまで目安のため、高卒でもⅠ類とⅡ類を受けることが可能です。ただし、大卒以上の人はⅢ類を受けられず、法律や建築、電気、化学などの専門知識が必要となる専門系は大卒以上でないと受けられません。

消防士は職業名であるのと同時に階級名でもあります。消防士からスタートして、出世すると消防副士長、消防士長と階級が上がっていくのです。消防士の階級は10あって、一番上は東京消防庁のトップにあたる消防総監です。

消防士の給与は他の地方公務員と同じ程度と考えればいいでしょう。平均年収は６２２万円で、比較的高めの水準です。給与には出動手当、火災調査手当、救急手当、深夜特殊勤務手当などの手当が含まれるため、**平均月収は約40万円です。**消防士の年収は低所得ではありませんが、「火事の現場という危険なところに行くのに、他の公務員と同レベルじゃ割に合わない」と思うかもしれません。人助けをしたいという信念を持った人でなければ務まらないと言えるでしょう。

★ 平均年収 ★

622万円

★ 生涯賃金 ★

3億265万円

★ 初任給 ★

16万円

★ DATA ★

- ☐ 資格
- ☑ やりがい
- ☑ 安定性
- ☑ 残業
- ☑ 休日
- ☑ ストレス

消防士

火事はいつ起きるかわからないので、火災現場に出る消防士たちは、24時間勤務して翌日休むというパターンで働くことが多い。

★ 年代別・平均月収 ★

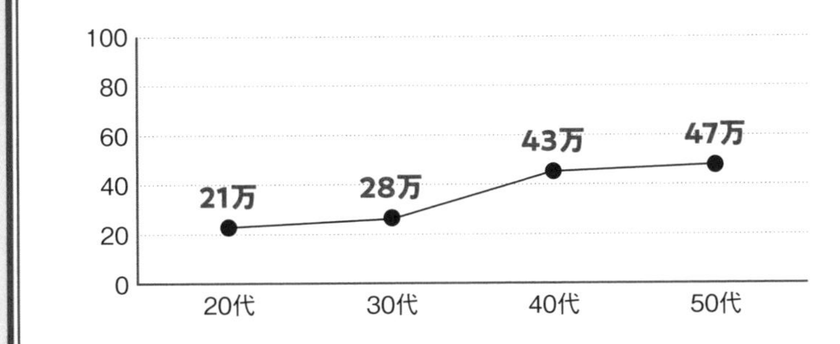

Job 05

小学校教諭

仕事内容が多くやりがいはあるが、給与はあまり高くない？

公立の小学校の教諭、つまり先生も地方公務員です（私立校の教諭は除く）。なお、「教諭」とは教員免許を持つ教員の職名。また、中学校と高校の教諭と小学校の教諭には大きな違いがあります。

小学校教諭は国語、算数、理科、社会、図工、体育、音楽とすべての教科を生徒たちに教えないといけません。音楽、図工、体育を専門の教諭が教えることもありますが、その場合でも国語、算数、理科、社会はカバーしないといけません。

ちなみに、2022年度からは中学や高校のように教科ごとに教諭が代わる「教科担任制」が導入される予定です。ただし、これは5～6年生が対象。全科目を教えるオールラウンドな能力は、やはり必要とされます。

小学校教諭に必要な教員免許は、大学や短大、専門学校、通信制大学で取得できます。教員免状は3種類に分かれていて、1つ目は、全科目教えることができる普通免許状。2つ目は、すぐれた知識や経験を持つ社会人が教員になるための特別免許状。3つ目は、教諭の職務を助ける助教諭のための臨時免許状です。

給与の金額は勤める都道府県、勤続年数などによって変わってきますが、**公務員ならではの安定性と充実した福利厚生があります。平均年収は578万円、平均月収は約33万円と一般的な平均給与より高い水準です**。

ただし、仕事量はかなり多いです。小学生には夏休み、冬休み、春休みがありますが、その間も教諭は休めません。**授業以外にも授業の準備やテストの準備と採点、学校行事などもあります**。それに加えて生活面での指導や、保護者の対応までしないといけないのです。

小学校教諭

一般的に私立校の教諭のほうが給与が高いというデータがある。ただし、公立と比べて安定せず、学校の経営状況がダイレクトに金額に反映される。

平均年収

578万円

生涯賃金

2億5440万円

初任給

21万円

DATA

- ☑ 資格
- ☑ 安定性
- ☐ 休日
- ☑ やりがい
- ☑ 残業
- ☑ ストレス

年代別・平均月収

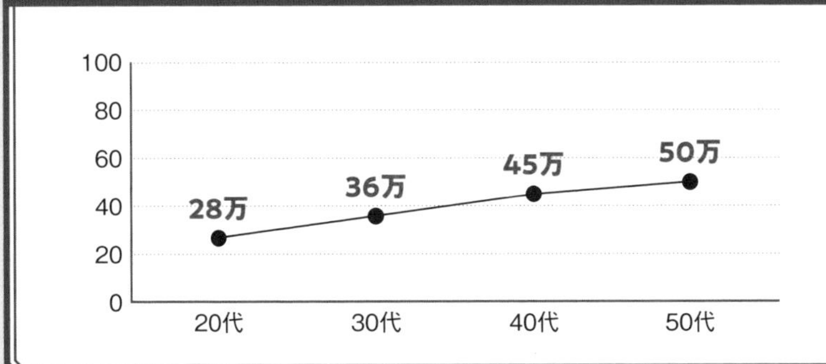

小学校、中学校、高校の順で給与の水準が高くなる。

Job 06

検察官

高収入だけど弁護士・裁判官よりやや低め

検察官は、法廷を舞台にした映画やドラマでは罪を明らかにするために、被告人を守る弁護士に対抗しながら、被告人を追及する姿が描かれます。ですが、検察官の仕事の場は裁判所だけではありません。

事件が起きると、警察が捜査して容疑者を逮捕します。**検察官はその容疑者が本当に犯人なのかどうかを調べ、裁判にかけるかかけないかを決めます**。つまり、検察官自身も事件の捜査を行うのです。

検察官は検察庁に所属し、その仕事内容や立場によって「検事総長」「次長検事」「検事長」「検事」「副検事」に分類されます。それぞれ仕事内容が異なり、事件の捜査などを行うのは、この中の検事と副検事です。

検察官になるためのルートはいくつかあり、一つは法科大学院を卒業してから司法試験を受けるというもの。もう一つは、司法試験予備試験に合格してから司法試験を受けるというものです。

合格後に司法研修所で学び、修了試験に合格すると、検察官の資格である「法曹資格」を取得できます。なお、この資格を得ると、裁判官、弁護士になることもできます。そして、検察庁の上部組織である法務省の面接に合格すれば、検察官になれるのです。

平均年収は613万円と、実は裁判官、弁護士と比べると低めというのが残念なところですが、一般的な公務員よりは高収入です。基本的にはキャリアを重ねていくことで昇給し、検事長クラスになれば月収100万円以上にもなります。検察官になるまで長い時間がかかる分、安定的に良い収入が得られるのです。

検察官

検察官は2〜3年に一度のペースで転勤することになる。異動先は全国規模で、この引っ越しによって貧乏になってしまう検察官もいるのだとか。

★ 平均年収 ★

613万円

★ 生涯賃金 ★

2億4757万円

★ 初任給 ★

21万円

★ DATA ★

- [x] 資格
- [x] やりがい
- [x] 安定性
- [ ] 残業
- [ ] 休日
- [ ] ストレス

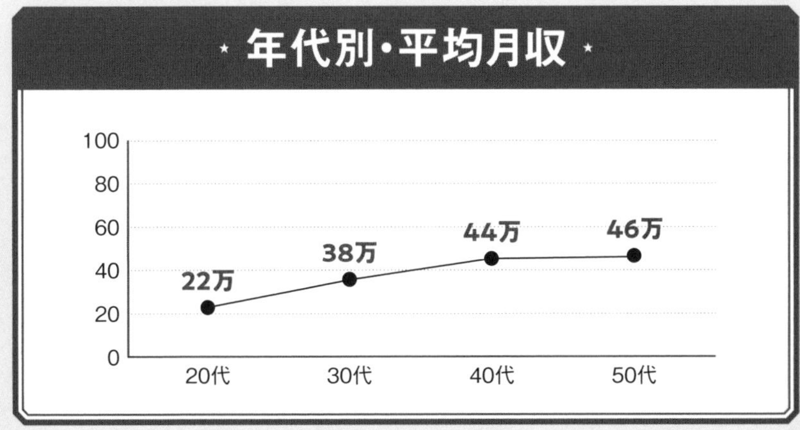

Job 07

裁判官

重い責任のある仕事なので高い給与が保証される

全国各地の裁判所で行われる裁判を仕切って、法律にもとづいて判決を下すのが裁判官です。

検察官と同じく、裁判官になるためには司法試験に合格しなければなりません。司法予備試験に合格して司法試験を受けるか、または法科大学院を卒業して司法試験を受けます。

司法試験に合格すると、1年の司法修習を受けます。ここでは裁判所、検察庁、弁護士事務所の3ヶ所で実習を行います。さらに試験に合格すると裁判官、検事、弁護士になれる資格「法曹資格」を取得できます。

法曹資格を得て、さらに審査を通ると裁判官になれます。裁判官は「判事」と「判事補」に分けられ、判事補は簡単に言えば、見習い判事です。裁判官の道のりはこの判事補からスタートします。

判事補には「1人では裁判ができない」「裁判長になれない」などの制限があります。**判事補として10年の経験を積んだ人の中から、一人前の裁判官である判事が選ばれるのです。**

検事や弁護士と比べても狭き門と言える裁判官。法曹資格を取得したものの裁判官になれなかった人は弁護士の道を選ぶことが多いと言われています。また、一旦、弁護士や検察官になった後に改めて裁判官になる人もいます。弁護士や検察官を経て裁判官になる場合は、非常勤判事として働いてから常勤の判事になります。

裁判官は公務員の中でもかなりの高給取り。平均年収は928万円で公務員の中で最も高い水準です。**最高裁判所長官の月収は201万円に達し、さらに各種手当やボーナスがつきます。**仕事の責任が重く、ワイロなどをもらう汚職を防ぐ意味があるためと考えられています。

裁判官

裁判官の給与は、判事補から判事、裁判長と出世すると上がっていく。また、勤続年数によっても昇給する仕組みになっている。

★ 平均年収 ★

928万円

★ 生涯賃金 ★

3億6731万円

★ 初任給 ★

21万円

★ DATA ★

- ☑ 資格
- ☑ 安定性
- ☐ 休日
- ☐ やりがい
- ☐ 残業
- ☐ ストレス

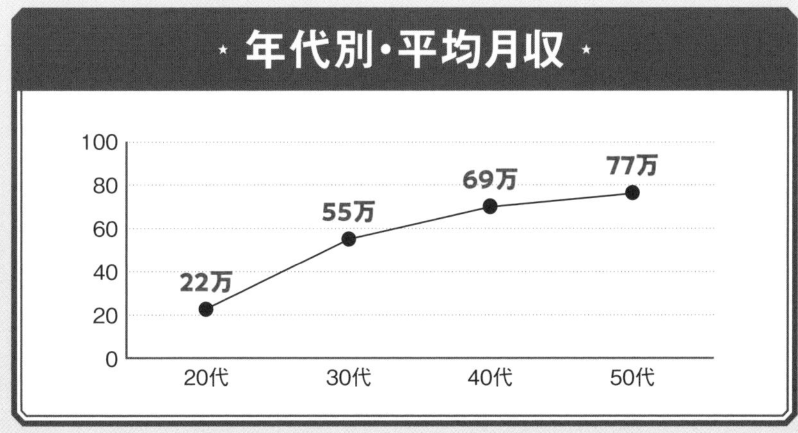

Job 08

麻薬取締官

厚生労働省の国家公務員として安定性抜群な給与

麻薬などの違法薬物を取り締まるのは、警察だけではありません。厚生労働省に所属する国家公務員である麻薬取締官も、違法薬物の売買や違法薬物関連の犯罪を取り締まる役割を担っています。通称、麻薬Gメン、マトリと呼ばれ、麻薬取締部に配属されます。

麻薬取締官は特別司法警察職員（警察官ではないが犯罪捜査を行える公務員）の一種です。そのため刑事のように捜査や逮捕もします。**拳銃や警棒を所持してもよく、犯罪者の間に潜り込む必要もあるので服装や髪型もかなりの自由が認められています。**

取り締まり以外にも違法薬物の成分分析をしたり、容疑者が麻薬を使用していないか検査するのも麻薬取締官の仕事です。そのため薬物に関する知識が必要とされ、麻薬取締官の中には薬剤師の国家資格を持つ者もいます。

その他に、違法薬物を使わないための啓発活動や、自然に生えている大麻やケシなどを取り除く作業も仕事の一つです。

麻薬取締官になるためには、**国家公務員一般職試験に合格するか、もしくは薬剤師の国家資格を持つ必要があります。その上で厚生労働省の採用試験を突破しなければならないのです。**これらに合格して麻薬取締官の研修を受けると、麻薬取締官に任命されます。

給与に関しては、麻薬取締官には国家公務員の中の行政職の給与体系に従って支払われます。**平均年収は６００万円で、警察官、海上保安官、刑務官といった公安職に比べると行政職の給与はやや低くなってしまいますが、**公務員ならではの安定性はあり、各種手当もつきます。

麻薬取締官

麻薬を使用した犯人を逮捕するのが麻薬取締官の仕事だが、違法薬物乱用者が社会復帰をするためのサポートなども行っている。

平均年収

600万円

生涯賃金

3億2325万円

初任給

27万円

DATA

- ☑ 資格
- ☑ 安定性
- ☐ 休日
- ☑ やりがい
- ☑ 残業
- ☑ ストレス

年代別・平均月収

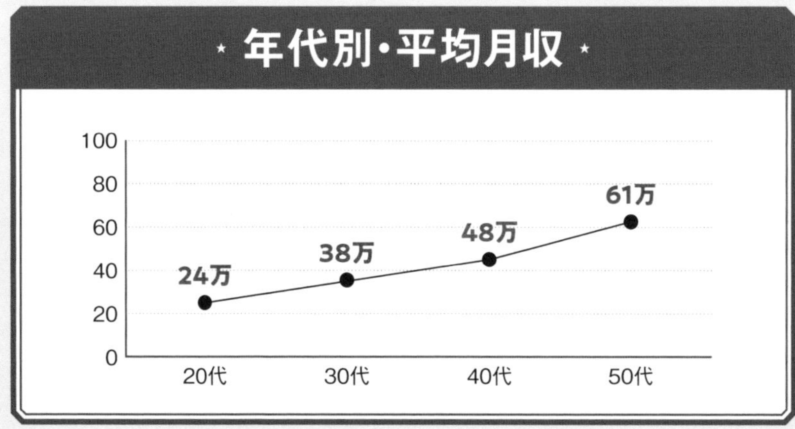

Job 09

陸上自衛官

階級によって給与には天と地の差がある

日本の平和と独立を守る組織である、自衛隊。自衛隊に勤務する人の中で、階級を持ち、戦うことを任務としているのが自衛官です。

自衛隊には陸上自衛隊、海上自衛隊、航空自衛隊があります。陸上自衛隊は、その名のとおり陸上での活動が主な任務です。**災害が起きたときには被災地に派遣されて、捜索、救助、医療、人員や物資の輸送など様々な活動を行います。**

陸上自衛官になるためのコースには様々なものがあります。防衛大学校や一般の大学を出て、陸上自衛隊幹部候補生学校に入るコース。防衛医科大学校を出て医官（医師である自衛官）、看護官（看護師である自衛官）になるコースです。また、18歳以上33歳未満なら誰でも応募は可能です。

陸上自衛隊は、自衛官を「幹部候補生」「一般曹候補生」「自衛官候補生」などに分けて募集しています。ちなみに、「曹」には3等陸曹から曹長まであります。曹は幹部を補佐して、任務を行う「士」（2等陸士から陸士長まで）を指揮する立場です。

自衛官の給与は、階級によって異なり、主に自衛官候補生、一般曹候補生、一般幹部候補生に分かれていて額が変わります。初任給は一般幹部候補生が一番高くて21万円、一般曹候補生は16万円、自衛官候補生は12万円です。

陸上自衛官には、一番下は2等陸士で、トップは陸上幕僚長という階級があります。この階級も給与に当然影響を与えます。2等陸士だと月収は15～17万円でしかありませんが、陸上幕僚長なら何と月収160～200万円前後にもなると言われています。初任給は少ないですが、昇格することで着実に年収が昇給していきます。

陸上自衛官

教育期間や独身の陸曹・陸士は駐屯地内の隊舎に住むことになる。家賃はタダだが、集団で暮らすので人間関係がうまくいかないと大変だ。

★ 平均年収 ★

640万円

★ 生涯賃金 ★

2億5445万円

★ 初任給 ★

16万円

★ DATA ★

- ☐ 資格
- ☑ やりがい
- ☑ 安定性
- ☑ 残業
- ☑ 休日
- ☑ ストレス

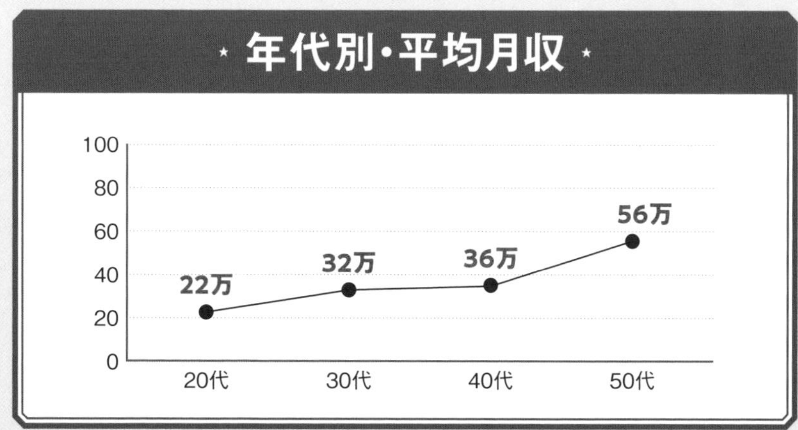

Job 10

刑務官

刑務所の刑務官は高給取りの国家公務員

罪を犯した人は逮捕されると、まず留置所に入れられます。留置所は警察署内にあり、取り調べを受ける間はここにいることになります。次に送られる拘置所は、裁判で刑が確定するまで入れられる場所です（死刑囚も収容されています）。そして刑が確定し、執行猶予がつかないと、刑務所に送られます。この刑務所や拘置所で勤務する国家公務員が、刑務官です。

主な仕事として、施設の運営、警備、受刑者に対する指導などがあります。映画などのフィクションでは受刑者を痛めつける悪質な刑務官も登場しますが、その本来の仕事は受刑者の更生と社会復帰の手助けです。

受刑者同士でのトラブルが起きたり、受刑者が規則違反をしないようにしっかりと監督しないといけません。

刑務官になるためのルートはいくつかありますが、一般的なのは刑務官採用試験を受験するものです。その他には、法務省の職員から刑務員になるパターンもありますが、この場合は幹部候補ですので、現場にはほぼ出ません。

なお、刑務官として採用された女性のほとんどは、女性受刑者が収容される女子刑務所で働くことになります。少数の女性刑務官は男子刑務所に配属されます。同様に女子刑務所に配属される男性刑務官もいます。

刑務官は、国家公務員の中で警察官や海上保安官と同じく「公安職」に分類されます。公安職の給与の基準は、一般の国家公務員の＋よりもやや高めです。平均年収は５８９万円で、手当が充実しています。長く勤務するほど多くの給与をもらえ、年功序列型の安定した収入が特徴です。

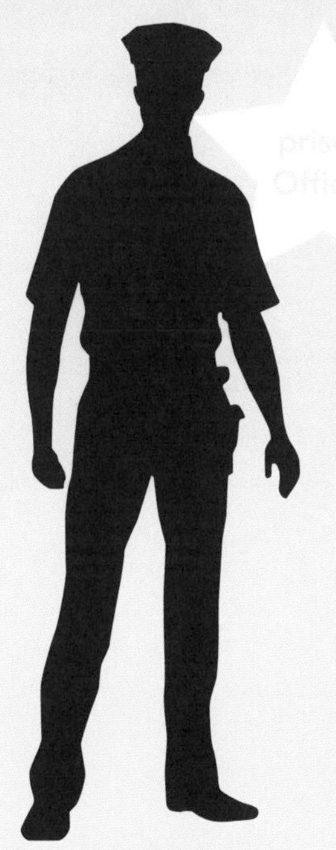

★ 平均年収 ★

588万円

★ 生涯賃金 ★

2億6131万円

★ 初任給 ★

19万円

★ DATA ★

- ☐ 資格
- ☐ やりがい
- ☑ 安定性
- ☐ 残業
- ☑ 休日
- ☑ ストレス

刑務官

刑務官には、男女ともに剣道か柔道の有段者を対象にした「武道」の採用枠もある。この枠で合格すると警備隊に配属されることが多い。

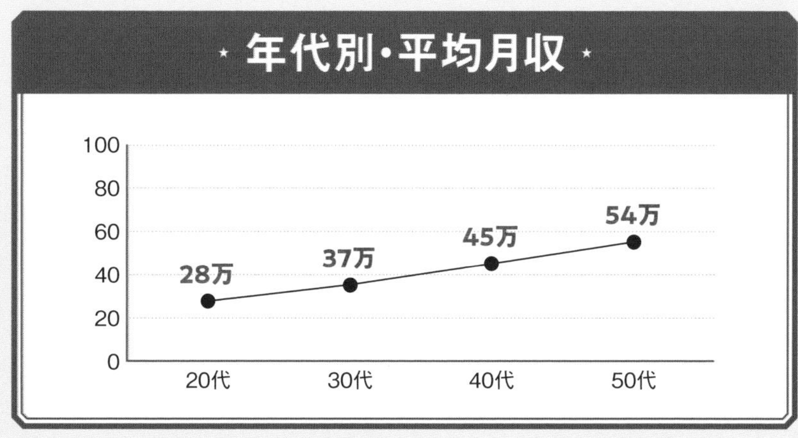

＋αで知りたい！ あの職業と給料は？ 公務員編

航空自衛官

★ 平均年収 ★

640万円

▶ 昇格試験は狭き門

空から国を守る航空自衛官。自衛官候補生として入隊後、最初に与えられる階級は2等空士で給与は16万円だが、昇給試験を経て空曹ランクまで行くと給与は一気に約30万円となる。幹部クラスの空佐や空将は昇格自体が狭き門であることもあり、40万円～70万円程の給与が与えられる。

海上自衛官

★ 平均年収 ★

640万円

▶ 海曹に昇進できないとクビ

防衛省の期間の1つである海上自衛隊。佐官クラスになると、1等海佐が給与40万円～55万円。尉官クラスでは1等海尉が26万～45万円。下級士官クラスだと、海曹長が22万～43万円、海士長が17万～23万円と階級によって様々。海曹に昇進できない場合は解任になる。

税関職員

★ 平均年収 ★

480万円

▶ 総合職の幹部は高給取り

関税を決定し、国際的な交渉を行う税関職員は、おおまかに総合職と一般職に分かれ、幹部候補となる総合職員は全体のわずか2%。ほとんどの税関職員は一般職の職員であり、給与も一般的であると言えるが、総合職の職員となり幹部となれば年収が1000万円を超えることもある。

労働基準監督官

★ 平均年収 ★

552万円

▶ 全国転勤は当たり前

定められた労働条件や環境が整っているか確認する労働基準監督官になるためには、採用試験に高得点で合格する必要がある。採用後は全国転勤は必須だが年齢とともに30万、40万と給与は上がっていき、実績が認められれば労働局長や労働基準監督署長への昇格も夢ではない。

海上保安官

▶ 潜水研修や語学研修もある

海の危機管理を行う海上保安官の仕事は幅広い。多くの人は専門学校を出た後に巡視船艇に所属するが、自身の経験や適性、希望に応じて様々な研修を受けることでキャリアアップを図っている。年齢ではなく階級により給与が上がるこの仕事は21～53万円と給与の幅も広い。

入国警備員

★ 平均年収 ★
615万円

▶ 違法捜査や摘発を行う

法務省管轄の国家公務員である入国警備員は、外国人の入国を管理したりと入国に関する警察のような存在。勤続年数や能力、昇給試験での合否により階級があがる。階級は7段階に分かれており、警備士や警備士長などの位の高い役職に就くことができれば、月給は45万円を超える。

WHO職員

★ 平均年収 ★
660万円

▶ 勤続年数によって昇給する

世界各国に広がる社会問題の解決に取り組む国連の一つであるWHOの給与形態は勤続年数。新人職員の給与は40万円。昇給には空いたポストを取り合う競争に勝ち抜く必要があるが、そのレベルが2年以上、5年以上、7年以上、10年以上と勤続年数で決まる仕組みとなっている。

大使館職員

★ 平均年収 ★
300万円

▶ イメージよりも低収入

大使館職員の仕事は事務処理が中心となっている。採用されるには大使館での募集に応募するか、公務員試験を経て外務省に採用されるかの2通りがある。後者のルートは在外日本大使館勤務となる。1年の短期契約のため大きな昇給はなく、どの年代でも25万円～30万円が平均だ。

COLUMN 2

内閣総理大臣の給料はどれくらい?

国 国のトップとして様々な業務をこなしている内閣総理大臣。日本人であれば名前を知らない人は、なかなかいないでしょう。そんな国の代表である内閣総理大臣の給料はいったいいくらなのでしょうか?

内閣総理大臣は、国家公務員の中の特別職という扱いになります。そのため給料は、「特別職の職員の給与に関する法律」によって定められています。**年収は約4000万円で、その内訳は俸給月額である201万円と地域手当の約40万、年に2回のボーナスの合計である約1154万円です。**

ちなみに、閣僚の年収は約2900万円、副大臣は約2800万円になります。また、内閣総理大臣の給料は、アメリカの大統領の給料とあまり差がありません。そして、他の国の首脳と比べても、高めの金額ではあります。しかし、責任感のある仕事や過密なスケジュールであることを考えると、少ないと感じる方もいるかもしれません。

一方で、内閣総理大臣の報酬にはなりませんが、内閣には内閣官房長官が必要だと判断すれば使用することができる「官房機密費」が存在します。用途は非公開ですが、毎年10億円程が計上されていると言われています。こうして考えると内閣総理大臣は、自身の裁量で用途を決定することができる、莫大な金額の資金枠を保有しているとも言えるのです。

Occupation
and salary

第2章

芸能・マスコミ・クリエイター系

の仕事

Job

01

YouTuber

まったく稼げない人が約8割という厳しい世界

動画投稿サイト「YouTube」に自作の動画をアップして、その動画の広告収入で稼いでいるYouTuber。

動画内にYouTuber自身が出演していることが多いので、**知名度が高まると、有名人として人気を得るようになります**。子供や若者世代にとっては、テレビに出ている従来の芸能人よりもYouTuberのほうが憧れの対象であることも多いのです。

実際にYouTuberになりたいと考える若者がたくさんいます。YouTuberを専門にマネジメントする事務所も生まれました。

YouTubeで広告収入を稼ぐためには、YouTubeのパートナープログラムに申し込まなければなりません（18歳以上という年齢制限あり）。自分のチャンネルの過去12か月の総再生時間が4000時間、チャンネル登録者数が1000人に到達していて、審査を通過すれば、広告収入が得られます。

動画が1回再生されるごとに0．02～0．2円の収入が入ります。仮に0．02円だとすると1つの動画が10万回再生されてもわずか2000円の収入です。YouTuber専業で生計を立てるとしたら、もっとたくさん再生される動画をコンスタントにアップする必要があります。

月に100万円以上稼ぐ人気YouTuberもたしかに存在しますが、YouTubeに動画を上げている人の約8割は月の収入が1000円未満です。

特別な資格がなくても、誰でも始められる職業ですが、大金を稼ぐYouTuberになるのは、かなり険しい道といえます。

YouTuber

CGキャラクターを使って活動する「VTuber（ブイチューバー）」も人気。安い機材でも始められるので、個人のアマチュアVTuberも多い。

※有名YouTuberを参考にしています。

★ 平均年収 ★

7700万円

★ 生涯賃金 ★

8億9625万円

★ 初任給 ★

1万円未満

★ DATA ★

- ☐ 資格
- ☑ やりがい
- ☐ 安定性
- ☐ 残業
- ☐ 休日
- ☐ ストレス

★ 年代別・平均月収 ★

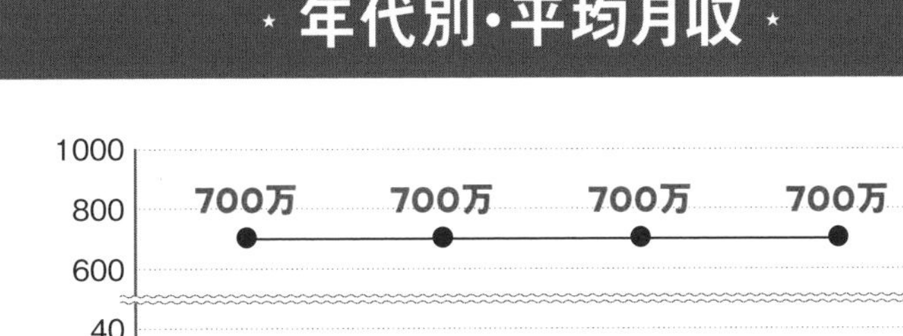

Job 02

インスタグラマー

人気インスタグラマーは1枚の写真で15万円稼げる

写真や動画を共有するソーシャル・ネットワーキング・サービス「Ｉｎｓｔａｇｒａｍ」上で、好きな商品や店などの情報を発信し、フォロワーたちに影響を与える人のことを「インスタグラマー」と呼びます。

インスタグラマーの主な仕事は、**企業の商品やサービスのＰＲ（プロモーション）**で、**商品などを投稿することで広告収入を得ています。**フォロワー数が多く強い影響力を持つ人気インスタグラマーは、企業から商品やブランドの広告塔と起用される場合が多いのです。

一般人が**インスタグラマーになるためには、特別な資格は必要ありませんが、何らかのジャンルに特化したユーザーであることが重要です。**グルメ、ファッション、コスメ、動物など投稿するジャンルを絞り、その道の情報発信者になることで多くのフォロワーが得られるのです。

ＰＲの仕事の依頼を受けるには、企業がインフルエンサーを探すために活用するマッチングサイトに登録するのが一般的です。

報酬は仕事の案件によりますが、フォロワー数を単価にした場合が多く、１フォロワーにつき１〜３円が相場と言われています。例えば、１万人のフォロワーを持ち、１フォロワー３円の案件の場合、３万円の収入となります。

平均年収は60〜１５００万円と大きな差があり、人気インスタグラマーになると、１枚の写真で15万円を稼ぐことも珍しくありません。投稿の他にも企業が主催するイベントに呼ばれたり、商品の監修を担当したり、自分のブログにフォロワーを誘導してアフィリエイトで稼ぐインスタグラマーなど様々な活動の場が広がります。

インスタグラマー

タレントやモデルとしての活動をするようになる人気インスタグラマーもいる。活動の場が広がるので、収入もさらに増えることになる。

★ 平均年収 ★

312万円

★ 生涯賃金 ★

3120万円

★ 初任給 ★

3万円

★ DATA ★

- ☐ 資格
- ☑ やりがい
- ☐ 安定性
- ☐ 残業
- ☑ 休日
- ☐ ストレス

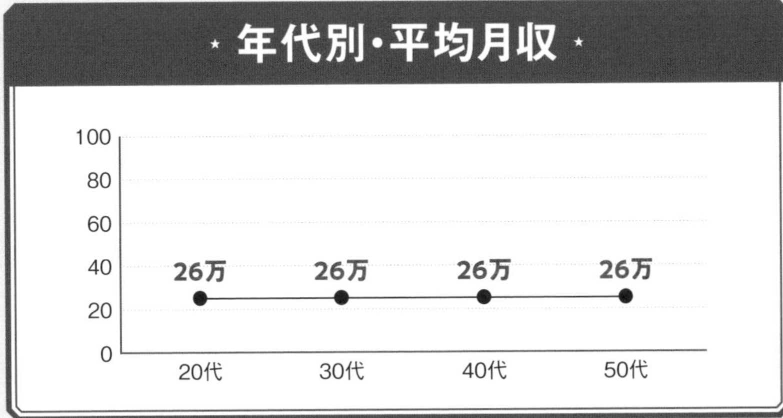

Job 03

アイドル

売れない時期はアルバイトしないと生活できない

曲を発売してコンサートで歌ったり、イベントでファンと触れ合ったり、テレビのバラエティ番組に出演したり、時にはドラマや映画に出演したりするなど、アイドルの活躍の場としては様々なものがあります。近年は、事務所に所属せずにライブハウスなどでのライブ出演をメインに活動する「地下アイドル」も一般的になりました。

アイドルになるには、オーディションを受けて合格したり、スカウトを受けるケースが一般的です。「可愛い」「カッコイイ」の容姿のほかに、そのキャラクターが面白いことが最近では重要視されています。そのため、コミュニケーション能力がなければ運をつかむことは厳しく、アイドルを諦める人もとても多い職種です。

一般的に、**アイドルを含めた芸能人の収入の形態には2パターンあります。一つは給料制、もう一つは歩合制です**（このふたつを組み合わせたものもある）。給料制の場合、仕事の量に関係なく毎月同じ額がもらえます。歩合制は仕事をすればするほど額が増えるという仕組みです。

給料制であれば仕事が少なくても毎月同じ額がもらえますが、歩合制なら仕事がない時期にはアルバイトなどで稼がないといけません。**デビュー前のアイドルのほとんどは歩合制で、仕事があれば稼げますが、仕事がなければ月に数万円ということも珍しくないのです。**

そのため、アイドルの年収は活動量や知名度によって大きな差があります。トップアイドルの年収は1000万円以上を優に超えますが、レギュラー番組を持たず、舞台やイベントを活動場所とする**知名度の低いアイドルの平均年収は約350万円と言われています。**

アイドル

新人アイドルには歌やダンスのレッスンが必要だが、事務所によってはアイドル自身がレッスン代、さらには衣装代を負担しないといけないことがある。

※売れているアイドルを参考にしています。

平均年収

413万円

生涯賃金

1億3250万円

初任給

0～1万円

DATA

- ☐ 資格
- ☑ やりがい
- ☐ 安定性
- ☐ 残業
- ☐ 休日
- ☑ ストレス

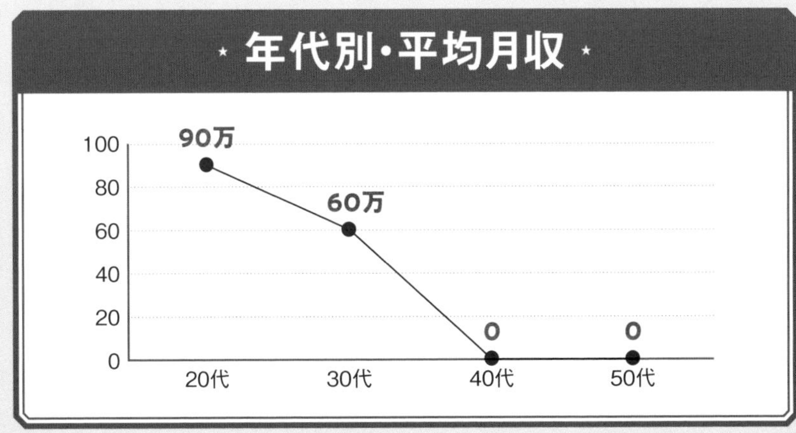

Job 04

イラストレーター

資格や学歴でなくスキルとセンスが必要

書籍や雑誌、ポスター、さらにはWebサイトやソーシャルゲームなどでイラストを描くイラストレーター。

同じ絵を描く職業である画家との大きな違いは、お金を出すクライアントが希望する絵を描くというところにあります。自分のセンスを発揮しつつも「こういうコンセプトで、こういう構図で、○○を描いてほしい」などといった注文に応じて絵を描くのです。

イラストレーターに特別な資格は必要ありません。美術系の学校で学んだイラストレーターも多いですが、独学のイラストレーターもたくさんいます。**資格や学歴は必要ない代わりに、魅力的な絵を描く技術が要求されるのです。**

イラストレーターになる方法に決まったものはありません。出版社やデザイン事務所に持ち込みをして、仕事を始めるイラストレーターもいます。デザイン事務所などに所属して働いているイラストレーターもいます。ネット上に自作のイラストを発表して、それを見たクライアントからの依頼を受けたことで仕事を始めたイラストレーターも多いです。

イラストレーターはフリーランスで活動している人が多く、描いたイラスト1点につき○○円という原稿料を収入にしています。

そのため、**イラストレーターの収入は、その人がどれだけ売れているか、またどういう媒体で仕事をしているかに大きく左右されます。**イラストの原稿料に決まりはありませんが、本の表紙のイラストであれば1点10万円程の原稿料も珍しくありません。単価のよい仕事をして、年間1000万円以上稼ぐイラストレーターもいます。

※フリーランスの場合

★ 平均年収 ★

344万円

★ 生涯賃金 ★

1億4638万円

★ 初任給 ★

0〜6万円

★ DATA ★

- ☐ 資格
- ☑ やりがい
- ☐ 安定性
- ☐ 残業
- ☑ 休日
- ☑ ストレス

イラストレーター

キャラクターデザインを手がけるイラストレーターも多い。老若男女に人気のキャラクターを手がければ、大きな収入につながるだろう。

★ 年代別・平均月収 ★

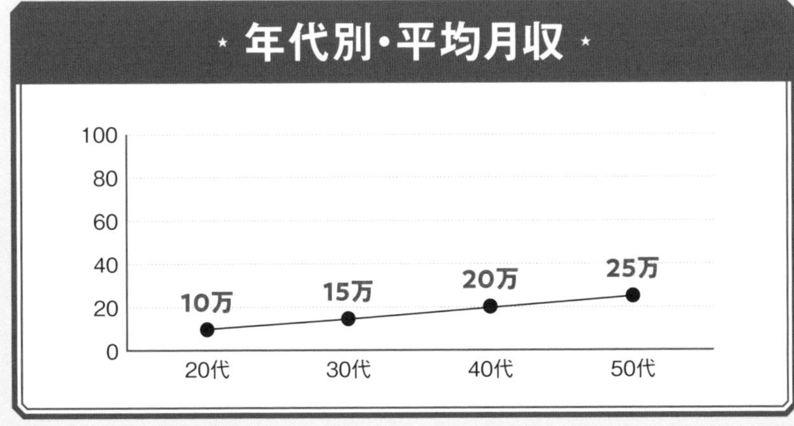

Job
05

局アナからフリーに転身してさらに稼ぐ

アナウンサー

アナウンサーは、テレビやラジオなどのマスメディアでニュース原稿を読んだり、スポーツの実況をしたり、番組の進行やアシスタントなどをするのが主な仕事です。

マスメディアに露出するので、**タレントのような人気を獲得するアナウンサーもいますが、立場としてはあくまで局に所属する会社員です。**通常の社員と同じような事務的な地味な仕事もしなければいけませんし、アナウンス部から別の部署に異動することもあります。その場合、その人はアナウンサーでなくなり、まったく別の業務を担当するようになるのです。

アナウンサーになるためにはテレビ局やラジオ局に入社する必要があります。倍率は非常に高く、狭き門なので東京のキー局の入社試験に落ちると、次は地方のローカル局を受けるという人も少なくありません。

アナウンサーの給与は、テレビ局のキー局（フジテレビ・日本テレビ・テレビ朝日・ＴＢＳなど）か地方局、あるいは芸能事務所に所属するフリーアナウンサーかによって大きな差があります。キー局であれば、30代で１０００万円を超えることも少なくなく、一方地方局では、平均年収が５００〜１０００万円と言われています。いずれにしても一般の平均年収よりは高い収入です。

勤続年数も反映されますし、出世して役職が付けば額も上がります。また、フリーという立場だと自分のがんばり次第で局アナ時代以上に稼げるので、局アナからフリーへの転身は多く見られます。人気フリーアナウンサーになれれば、一流芸能人と同レベルの稼ぎを手に入れられることでしょう。

アナウンサー

アナウンサーの副業として、結婚式の司会がある。局に許可を得ないといけないが、内緒で受けて1回10〜20万円の謝礼をもらう人もいるのだとか。

★ 平均年収 ★

1200万円

★ 生涯賃金 ★

3億8512万円

★ 初任給 ★

24万円

★ DATA ★

- ☐ 資格
- ☑ やりがい
- ☑ 安定性
- ☐ 残業
- ☐ 休日
- ☑ ストレス

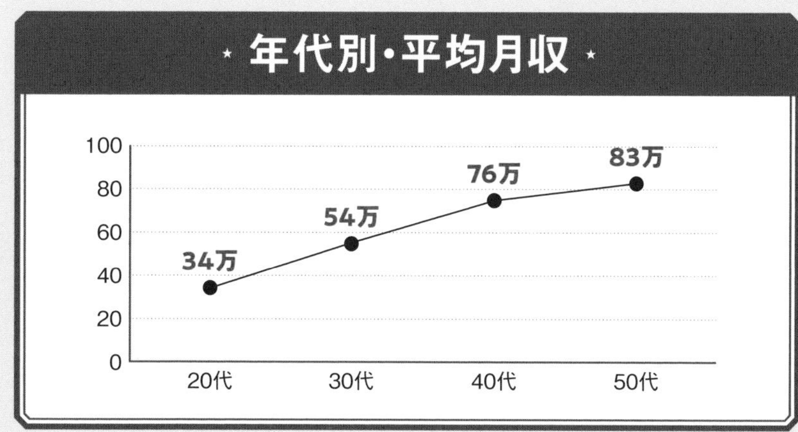

Job 06

新聞記者

高給取りだが部数減少に苦しんでいる

新聞記者の仕事は、事件など世の中で起きていることを取材して記事を書き、多くの人々に伝えることです。このような記者のことを、「取材記者」と呼びます。

我々がイメージする記者はこの取材記者ですが、広い意味での記者としては、**写真を撮る「写真記者」**、**どの記事を大きく扱うかを選択して紙面のレイアウトを決めて見出しをつける「整理記者」**、**誤字脱字や事実関係などを含めて記事の内容をチェックする「校閲記者」などもいます**。現在はネットでも記事が配信されるので、その担当の「電子編集記者」もいます。

新聞社には政治部、経済部、社会部、運動部、文化科学部などの部門があり、取材記者はそこに所属します。たとえば、経済部に所属した取材記者は国の経済政策や企業の動きなど経済に関することを取材します。運動部の記者はスポーツに関する取材を行います。

新聞記者になるには新聞社に就職しなければなりません。フリーのジャーナリストが新聞に寄稿することもありますが、記事の大半は新聞社の記者が書いたものです。

給与は会社の規模によって変わりますが、大手**新聞社の場合年収９００万円前後とかなりの高収入が望めます。若手記者でも高い給与がもらえ、20代の平均年収は４００万円、30代は７００万、40代を超えると８００万円以上になります**。

ただし、現在、どの新聞も部数低下に苦しんでいて、大手新聞社も料金の値上げに踏み切りました。こうした状況ですので、高い給与をもらっている大手新聞社の記者も、決して安泰とは言えないのが実情です。

★ 平均年収 ★

820万円

★ 生涯賃金 ★

3億4395万円

★ 初任給 ★

21万円

★ DATA ★

- ☐ 資格
- ☑ 安定性
- ☑ 休日
- ☑ やりがい
- ☑ 残業
- ☑ ストレス

新聞記者

テレビ局やラジオ局にも記者はいる。取材して放送で使用するニュースの原稿を書き、場合によってはマイクを持ち中継先からレポートする。

★ 年代別・平均月収 ★

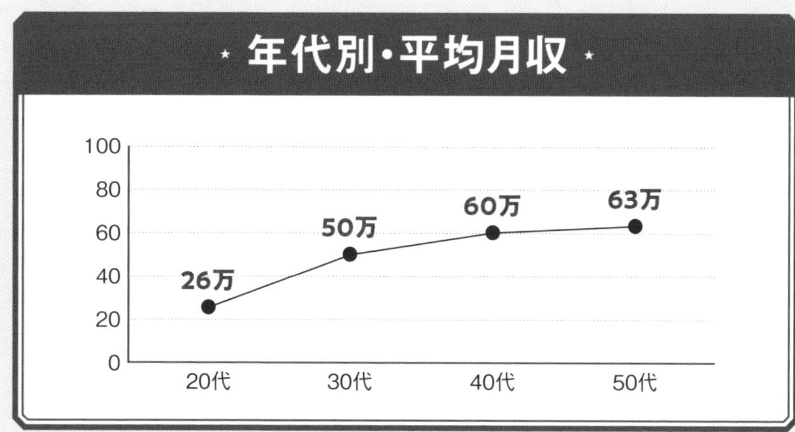

Job 07

編集者

入る会社で給与が大きく変わる

編集者の仕事は本を作ることです。書籍や雑誌などの内容を決め、作家、ライター、漫画家、イラストレーター、カメラマン、デザイナーなどに発注して、本の形にまとめていきます。

Webメディアが発達した現在、そちらで活躍する編集者も多数います。紙媒体からWebに移った人もいれば、最初からWebの編集者としてキャリアをスタートさせる人もいます。

多くの編集者は、出版社、編集プロダクション（出版社から請け負って書籍や雑誌を作る会社）、新聞社の出版局、Webコンテンツの制作会社などに所属します。

編集者の仕事内容は、所属している会社や、担当している媒体によって大きく変わってきます。たとえば、毎週本を作る週刊誌の編集者と何年もかけて1冊を作る辞書の編集者では仕事に大きな違いがあります。

フリーランスで活動する編集者もいますが、そうした人は最初は出版社や編集プロダクションで働いて経験を積んでから独立してフリーランスとして活動している人が大半です。フリーランスの編集者は出版社に依頼されて本の制作を請け負ったり、自分から出版社に企画を持ち込んで本を作ったりします。

編集者の給与は所属している会社によって大きく違ってきます。**大手出版社であれば600〜800万円ぐらいの年収をもらえますが、中小の出版社や編集プロダクションでは350〜600万円程です。**長らく出版不況が続いていますが、電子書籍の売上で高い利益を上げている会社も出てきました。入る会社によって編集者の収入と未来は大きく変わると言えそうです。

★ 平均年収 ★

600万円

★ 生涯賃金 ★

2億6821万円

★ 初任給 ★

16万円

★ DATA ★

- ☐ 資格
- ☑ やりがい
- ☑ 安定性
- ☑ 残業
- ☐ 休日
- ☑ ストレス

編集者

編集者の働き方は出版社や編集部で大きく変わる。Tシャツなどのラフな服装が許されるところもあれば、きっちりとしたスーツ姿で働くところも。

★ 年代別・平均月収 ★

年代	平均月収
20代	28万
30代	35万
40代	48万
50代	60万

Job 08

WEBデザイナー

デザイン以外のスキルも要求される

Webデザイナーとは Web サイトをデザインする人のことです。Web サイトを見ていて、「写真がカッコよくてオシャレだな」「文字が読みやすく配置されているな」などといった印象を受け、Web デザイナーの仕事に感心を持つ人も多くなってきました。

Web デザイナーの仕事はクライアントから「こういうサイトを作ってほしい」と依頼されるところから始まります。**依頼主の希望を聞き、競合サイトを調べてから、サイトの構成や内容を決めます。その上でデザインの作業を行って、魅力的なビジュアルを作ります。**

ビジュアルをデザインするのは紙媒体のデザイナーと同じですが、さらにコーディング（Web デザインがブラウザ上で意図通り見えるようにソースコードを書くこと）やプログラミングを行わなければなりません。次に最終確認して問題なければ、サイトの完成です。

こうした過程の作業を行うので、ビジュアルをデザインする技術だけでなく、コーディングの技術も持っていないといけないのです。

Webデザイナーには大きく分けて、制作会社などの会社に所属して働いている人と、フリーランスで働いている人がいます。Web デザイナーを志すなら、まずは会社に所属してスキルや経験を積んでからフリーランスになるとよいでしょう。

会社に所属している Web デザイナーなら、その収入は会社の規模や業績によって変わりますが、年収250~500万円ぐらいの額が一般的です。フリーランスの場合、その人の能力で収入は変わりますが、Web 制作のニーズは高まっているので、大きく稼げる可能性は十分にあります。

WEBデザイナー

依頼主の希望にそったサイトを作るのがWebデザイナーの仕事のため、ひたすら依頼主の修正に応えた結果、毎日終電まで残業になることもざら。

平均年収
500万円

生涯賃金
1億9253万円

初任給
19万円

DATA

- [x] 資格
- [ ] 安定性
- [ ] 休日
- [x] やりがい
- [x] 残業
- [x] ストレス

年代別・平均月収

年代	平均月収
20代	25万
30代	28万
40代	32万
50代	34万

＋αで知りたい！ あの職業と給料は？ クリエイティブ編

芸能マネージャー

★ 平均年収 ★

320万円

▶ タレントの人生を背負っている

芸能人の魅力を最大限に引き出す環境を整えることが仕事である芸能マネージャーは、ハードな業務をこなす体力や精神力が求められる。激務の割には一般的な給与に比べると額は少なく厳しいことには変わりないが、担当するタレントの人気次第では給与も上がっていくやりがいのある仕事だ。

TVプロデューサー

★ 平均年収 ★

990万円

▶ 昇進するまでが長き道のり

テレビが放送されるまでのすべてを統括する責任者であるTVプロデューサー。倍率が高いテレビ局への入社を果たしてもプロデューサーに昇進するまでの過程は非常に険しい道のりとなる。しかし、その分平均給与は80万を超えるなど高い水準であり、夢のある仕事となっている。

漫画家

★ 平均年収 ★

636万円

▶ 長い下積みが必要

漫画誌で連載を持つことができて初めて収入を得ることが可能になる。連載を持つためには編集者や世間の目に留まるような作品を生み出す必要がある。漫画家の平均給与は何歳であっても53万円程。高く見えるが、そこにたどり着くまでの道のりは険しく、一握りの人しかなれないのが現状だ。

放送作家

★ 平均年収 ★

350万円

▶ 食べていける人は一握り

放送作家は、SNS文化の発達により活躍の場を広げている。しかし、この仕事で食べていける人は一握り。基本的に多くの依頼は人気作家に偏ることから、平均給与は25万円程度。成功すれば年収億越えも夢ではないが昼夜問わず執筆活動を続けなくてはいけないため、ハードな職となっている。

アニメーター

★ 平均年収 ★

270万円

▶ 原画1枚80円も日常茶飯事

アニメの原画を作成するアニメーターになるためには、専門学校で本格的な技術を身に着けることが大切。平均年収は少なく、時には月に数万円しか利益を得られないことも珍しくはない、年収300万円を超えるためには倍率の高い大手制作会社などに就職する必要がある。

カメラマン

★ 平均年収 ★

290万円

▶ フリーランスは営業が必須

人や動物、景色など、あらゆるものを撮影するカメラマン。平均年収は290万円前後と低めであるが、勤務先や実力によって収入は変化する。出版社や新聞社などの専属カメラマンの場合は、月30万円が平均給与となる。フリーランスの場合は、営業で仕事を得ても給与は20万円程である。

プロゲーマー

★ 平均年収 ★

360万円

▶ チームへの加入が第一歩

ゲームで収入を得るプロゲーマーは、ほとんどの時間をゲームに充てている。大会などに出場し好成績を収めたことによる賞金や、所属チームからの活動資金などが彼らの収入となる。そのためチームに加入するのが一般的だ。大会で勝てれば、平均月収は25～30万円程。

声優

★ 平均年収 ★

192万円

▶ 演技力や歌唱力も求められる

アニメやゲームのキャラクターに声を吹き込む声優。こうした役に抜擢されるには、オーディションなどで勝ち抜く必要がある。くわえて、注目作品に出演できるのは有名な声優ばかり。新人声優は月に6万円しか貰えないことも多く、アルバイトと両立して経験を積む必要がある。

COLUMN 3

昔ながらの職業の代表格、コメ農家の気になる給料は?

日本人の多くが主食としている米。この米を作っているコメ農家の平均年収は235万円〜493万円程度だと言われています。保有している畑の面積や収穫量によって異なりますが、毎月の給料は約19万〜40万円。**1984年のピーク時では、コメ農家の年収は560万円を超えていたことを考えると、収入は年々減少傾向にあると言えるでしょう。**

また、コメ農家での仕事は、苗づくりから育苗、田おこしに収穫をしてから、次の苗を育てるための土づくりが行われるといった流れになり、年間でのスケジュールがしっかりと決められています。一日の作業量も時期によって異なりますが、収穫の時期は一日中外で収穫の作業を行っていることもあるので、とてもハードな仕事です。

年間を通しての業務の中で常に気温や天候を見極めながらの作業が必須となるので、計画性をもった行動力と、臨機応変に対応することも求められます。そして、この大変な流れをクリアして出荷した米から得られる収入の半分程度は、次のお米を作り売り出すための経費に消えていくのが現状です。

お米の値段は昔に比べると安くなっており、手元に残る収入の額は大変少ないと言えます。深刻な状況に直面しているコメ農家ですが、独自の販売ルートを確保するなど創意工夫をすれば、収入アップにもつながるやりがいのある仕事です。

第3章

士業の仕事

Job 01

弁護士

超難関試験を突破した分、ずば抜けた高収入が手に入る

裁判において罪を犯した人を弁護したり、犯人に間違われた人を助けたり、その他、社会で起こる様々なトラブルを法律に基づいて解決するのが弁護士です。

弁護士になるためには、検察官や裁判官と同じように司法試験に合格しないといけません。法科大学院を卒業後に司法試験を受けるか、または司法試験予備試験に合格した上で司法試験を受けます。**司法試験に合格すると、次は司法修習です。裁判所、検察庁、弁護士事務所で実習を行います。最後に司法修習生考試という試験に合格すれば弁護士になる資格が得られます。**

弁護士の多くは法律事務所に所属しているので、新人弁護士も法律事務所に就職するのが一般的です。法律事務所には弁護士が一人しかいない小さなところもあれば、数百人も弁護士がいる大きなところもあります。法律事務所では先輩弁護士の下について働き、実務を学んで一人前の弁護士になるのです。経験を積んでから独立する弁護士もたくさんいます。

法律事務所以外では、国や地方公共団体、国際機関の職員として働く弁護士や会社員として働く弁護士もいます。

弁護士の給与は、世の中の他の職業より高額です。**厚生労働省の調査で弁護士の平均年収は1097万円**。日本弁護士連合会の調査では、年収は1000万円以下との回答が最も多かったというデータもありますが、そこでも年収1000～2000万円という回答も多く、年収1億円以上という人もいました。

司法試験という超難関を突破するだけの価値があることが収入からもわかります。

★ 平均年収 ★

1097万円

★ 生涯賃金 ★

5億213万円

★ 初任給 ★

37万円

★ DATA ★

- [x] 資格
- [ ] やりがい
- [ ] 安定性
- [x] 残業
- [x] 休日
- [x] ストレス

弁護士

法律上のリスクにそなえる企業が弁護士を社員にする例も多い。社員弁護士は、独立して活動する弁護士より収入は低めだが収入が安定している。

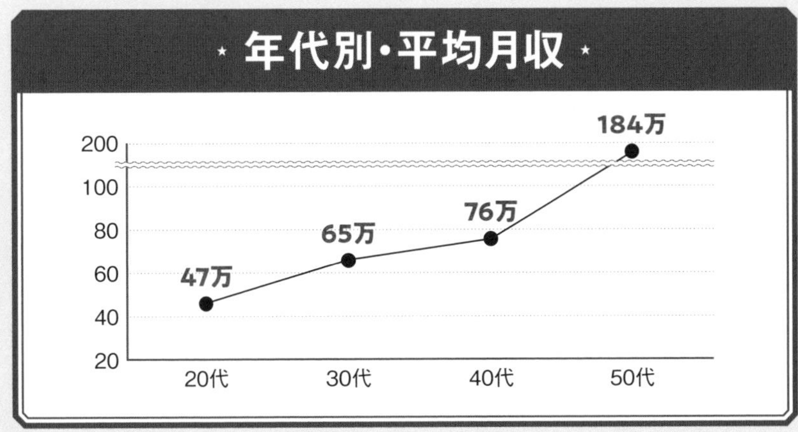

Job 02

平均年収が1000万円近い高収入&安定の職業

公認会計士

会社が自社の財政状況を報告するために作る書類を決算書といいます。決算書は簡単に表現すれば会社の成績表のようなものです。会社は決算書をもとに銀行からお金を借りたり、投資家からお金を集めたりします。その**決算書が適正に作成されているかどうかをチェックする監査業務を担当するのが公認会計士です**。

公認会計士は第三者の立場で、会社の経理部などが作った書類をチェックし、内容に問題がないことを証明します。

その他、経営コンサルタントとして働く公認会計士もいます。公認会計士でなくても経営コンサルタントにはなれますが、公認会計士の知識が大いに役立つのです。

企業の経理部門や財務部門で働く公認会計士もいます。一般の企業の他、金融機関、中央官庁、地方公共団体などの経理部門や財務部門でも公認会計士は活躍できます。

公認会計士は国家資格なので、国家試験を突破しないといけません。試験に合格すると、監査法人で3年間の実務講習です（一般企業に就職しても、要件を満たせば認められます）。最後に修了試験に合格すれば、公認会計士として登録できます。

監査法人に就職した場合、**年収が20代後半で800〜900万円とかなりの高額を稼ぐことができます**。平均年収も1000万円前後で一般のビジネスパーソンと比べて倍以上稼ぐことができます。

また、経験年数が10年程度で年収が1000万円を超える人も多くいます。ベンチャー企業のCFO（最高財務責任者）になればさらに多く稼げることでしょう。

★ 平均年収 ★

991万円

★ 生涯賃金 ★

3億7835万円

★ 初任給 ★

29万円

★ DATA ★

- [x] 資格
- [ ] やりがい
- [x] 安定性
- [x] 残業
- [x] 休日
- [ ] ストレス

公認会計士

公認会計士が忙しくなるのは決算の時期。3月末決算の企業なら4〜5月上旬が多忙になる。この時期には、定時に帰れるほうが珍しい状態になる。

★ 年代別・平均月収 ★

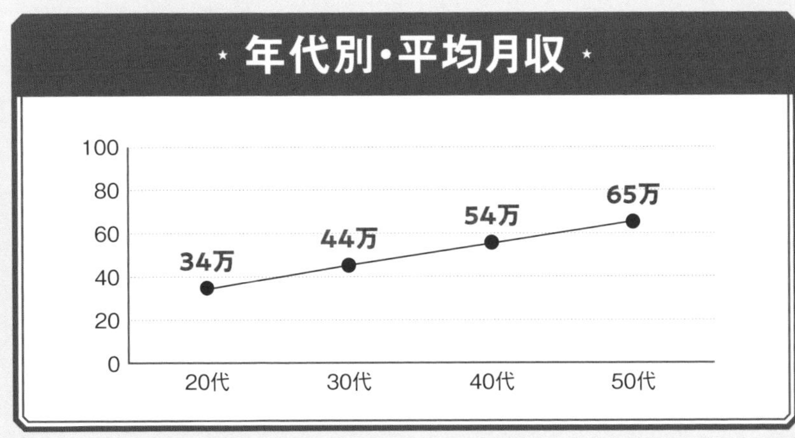

Job 03

税理士

企業勤務型でも高い水準の年収がもらえる

税金のスペシャリストである税理士は仕事として、依頼人のために納税や節税のアドバイスをしたり、税務書類を作成したり、依頼人に代わって税の申告を行ったりします。

税金の計算方法は複雑なだけでなく、関連する法律がたびたび改正されるので、税理士は一般の人や企業にとって強い味方になるのです。

税理士は国家資格で、それを得るためには、まず税理士試験に合格しないといけません。**試験の合格率は12〜17%と難易度が高いことで知られています。試験に合格した上で2年以上の実務経験を積むと、税理士として登録できます。**

これが最も一般的な方法ですが、それ以外の税理士になる方法としては、「税務署で23年以上働く」「弁護士か公認会計士の資格を取得する」というものがあります。

税理士の代表的な勤務先は以下の3つです。1つ目は税理士事務所や会計事務所。事務所の規模は様々で、個人経営の小さなところから大手法人まであります。2つ目は法人向けのコンサルティング企業。3つ目は一般企業の経理部や財務部です。こうした勤務先で経験を積んでから自分で独立開業する税理士もたくさんいます。

これらの勤務先によって税理士の収入は変わってきますが、厚生労働省のデータでは平均年収は892万円で、他の仕事とくらべて高めです。

また、税理士には独立開業すると高収入が目指せるという特徴があります。なぜかと言うと、税理士は顧客からの報酬の額を自分で決められるからです。**独立して顧客をつかみ、そこで独自の報酬システムを作ることができれば、高い収入を得られるでしょう。**

税理士

他の国家資格も同様だが、税理士には定年がないので長く働けて生涯賃金が高いという特徴もある。女性も出産育児後に復職しやすい。

★ 平均年収 ★

892万円

★ 生涯賃金 ★

3億3292万円

★ 初任給 ★

22万円

★ DATA ★

- [x] 資格
- [ ] やりがい
- [ ] 安定性
- [x] 残業
- [x] 休日
- [ ] ストレス

★ 年代別・平均月収 ★

年代	平均月収
20代	31万
30代	40万
40代	54万
50代	62万

Job 04

司法書士

国家試験を合格しても意外と給与が低い？

司法書士は法律に関する国家資格です。その仕事としては、裁判所や法務局などに提出する書類の作成などがあります。

具体的な仕事の例としては、土地の売買や相続時に行う不動産登記、会社設立時に行う商業登記などです。また裁判事務業務（簡易裁判所での民事事件の事務業務。認定司法書士のみ可能）や検察庁への犯罪の告訴や告発なども行います。

同じ法律の分野の士業として弁護士もありますが、その違いを簡単に言えば、**「争いが起きているときが弁護士の出番」「当事者同士が合意しているときが司法書士の出番」**です。

司法書士の志望者は、法務省の国家試験を受験しなければなりません。受験資格は年齢・学歴問わず誰でも受験することができます。また、試験以外にも裁判所や検察局に一定期間の勤務経験があれば司法書士の資格を得られます。

試験に合格した後は、複数回の新人研修を受け就職先を探します。多くの場合は、司法書士事務所に就職し、補助者として実務を学ぶキャリアからスタートします。

企業で働く場合は、不動産登記などの業務が必要となる不動産関係の会社や銀行で働くことが多いです。事務所に就職した新人司法書士の場合、経験を積んでから独立する人がたくさんいます。

企業勤務の司法書士の場合、**平均年収は300万～400万程度。国家試験を突破したのにもかかわらず低い金額に思えますが、経験を積めば徐々に上がっていきます。**また、独立した場合は、個人の力量で差が出てきますが、平均年収は500万円程度。中には1000万円以上の高収入を誇る人もいます。

司法書士

独立して事務所を開く場合、他の司法書士と一緒に事務所を作ることも。税理士や行政書士などと組んで事務所を作るケースも見られる。

★ 平均年収 ★

650万円

★ 生涯賃金 ★

3億3050万円

★ 初任給 ★

17万円

★ DATA ★

☑ 資格　☐ やりがい
☐ 安定性　☐ 残業
☑ 休日　☐ ストレス

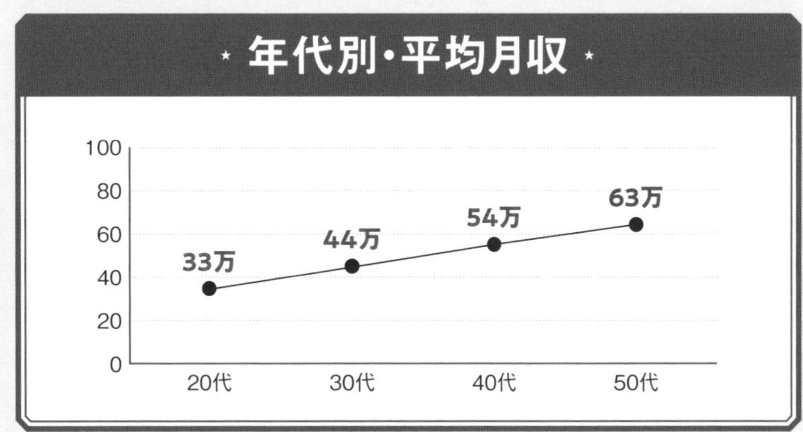

Job 05

行政書士

業務内容やスキルによって年収の差が激しい

各省庁、都道府県庁、市役所、区役所、町役場、村役場、警察署などに提出する書類の作成を主な仕事とするのが、行政書士です。**個人や企業からの依頼でこうした官公署に出す書類を代行して作成しています。**扱う分野は幅広く、それらに関する相談業務も仕事の一つです。

遺言作成の支援や相続財産の調査など、遺産相続に関わる仕事や、自動車のナンバー変更や名義変更など自動車登録申請の手伝いなども行政書士は担当しています。

行政書士の資格は、行政書士の国家試験に合格すれば取得できます。試験に合格した後は行政書士会に登録します。活動拠点となる都道府県を選び、そこの行政書士会を通じて登録の申請をするのです。

国家試験は他の法律系の資格より難易度が低いと言われていますが、決して合格率は高くありません。合格率は10%前後なので、大半の人は落ちてしまいます。

なお、行政書士の資格を取得しなくても、弁護士、弁理士、公認会計士、税理士の資格を持っている人は行政書士の仕事もできます。

資格取得後の働き方としては、行政書士事務所に就職、または独立開業などがあります。

行政書士の平均年収は500〜600万円程度と言われていますが、**働き方や個人のスキルにより大幅に異なります。企業に勤める行政書士の年収は200万〜600万程で、多くの場合300万円前後からスタートします。**

中には、独立して年収1億円以上と大きく稼いでいる人もいて、やり方によっては大きく稼げる可能性がある職業だと言えます。

notary public

行政書士

17年以上（高卒の場合は20年以上）勤務している公務員なら、試験なしで行政書士の資格がとれる。ただし、公務員と行政書士の兼業はNG。

★ 平均年収 ★

590万円

★ 生涯賃金 ★

2億7740万円

★ 初任給 ★

19万円

★ DATA ★

- ☑ 資格
- ☐ やりがい
- ☐ 安定性
- ☐ 残業
- ☑ 休日
- ☐ ストレス

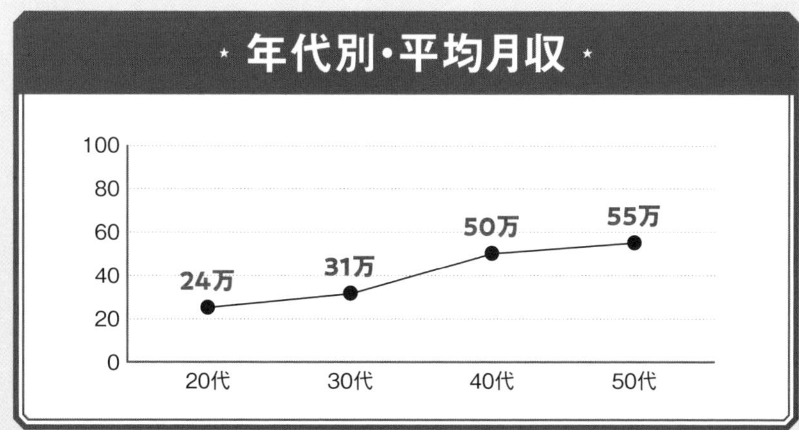

Job

06

弁理士

独立すれば年収２０００万円も夢じゃない

特許や実用新案、意匠、商標など、知的財産に関するスペシャリストが弁理士です。

画期的な商品を発明して、特許をとろうとしたとき、その事務手続きは非常に複雑です。知的財産に関する権利を取得するためには、専門的な知識が必要となります。そんなときに発明者をサポートするのが弁理士の役割なのです。

弁理士になるための国会試験は3次まで行われます。試験に合格した人は、経済産業大臣から指定を受けた機関で実務研修を受けます。それが終了すれば弁理士として登録できます。

弁理士を目指すのであれば、**専門的な科学や工業の技術も扱うことになるので、理工系知識も持っていたほうがいいでしょう。海外進出する日本の企業も多く、海外で特許を取ることもあるので、語学力も必要です。**

試験は受験資格がないので、誰でも受けられますが、合格率１割以下とかなりの難関です。合格者は特許事務所やメーカーで働いている社会人が大半。そういった人たちは働きながら弁理士を目指しているのです。

無事に資格を取得した人の**就職先としては、特許事務所やメーカーの知的財産部門があります。**前述のように特許事務所やメーカーで働きながら弁理士を目指す人もたくさんいます。

弁理士の収入は、平均年収は７００万円と高めです。メーカーなどの民間企業に務めた場合はそれより下がりますが、業績が好調な企業に就職した場合は、数年の経験で年収１０００万円に達することもあります。**一番稼げる形態は独立開業と言われていて、なんと年収２０００万を超えることもあると言います。**

弁理士

司法試験合格者と行政書士資格を持つ者は、弁理士の論文式試験の一部が免除される。難易度が低い行政書士になってから弁理士試験を受ける人もいる。

★ 平均年収 ★

700万円

★ 生涯賃金 ★

2億8530万円

★ 初任給 ★

34万円

★ DATA ★

- [x] 資格
- [ ] やりがい
- [ ] 安定性
- [ ] 残業
- [x] 休日
- [ ] ストレス

★ 年代別・平均月収 ★

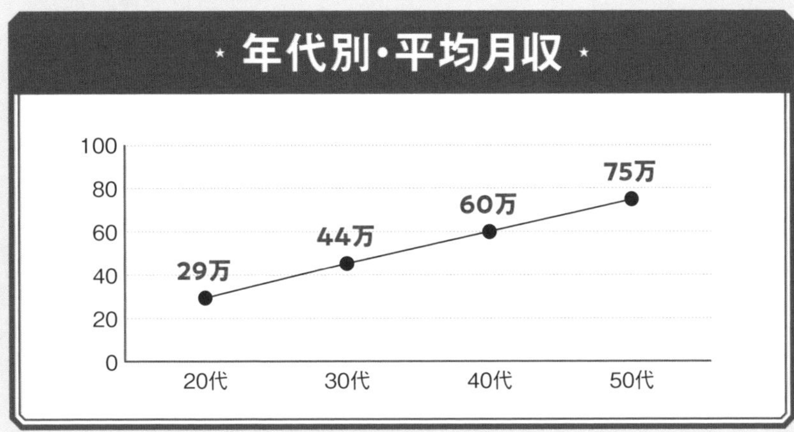

Job 07

社会保険労務士

勤務型か独立開業型で大きく年収は異なる

雇用保険、健康保険、厚生年金などの社会保険に関する仕事を行うのが、社労士こと社会保険労務士です。

企業はお金、モノ、人材を必要としています。社労士は、その中の人材の専門家で、人が企業で働く上での様々な問題に対応します。

具体的な仕事の内容としては、**労働社会保険手続きを企業に代わって行う業務、複雑な年金制度に関する相談業務、労働に関するトラブルが発生したときの解決のためのサポート**などです。

労務の面から会社の経営上の問題を指摘して、改善のためのアドバイスを送ることもあります。社労士はこのようにコンサルタント的な働きもするのです。

社労士になるには、国家試験に合格しなければなりません。試験に合格した後、社会保険労務士名簿に登録しますが、登録のための要件として「2年以上の実務経験」または「事務指定講習」があります。

就職先としては、社会保険労務士事務所や、一般企業の人事部門があります。企業で働く場合は、「勤務社労士（企業内社労士）」になります。独立開業する人も多いです。社労士としての仕事に特に広いオフィスは必要ないので、自宅で事務所を立ち上げることもできます。

社労士の平均年収は約500万円という調査結果があります。社会保険労務士事務所や企業で働く労務士の場合は年収400〜500万円ですが、**独立開業型なら自分のがんばり次第で仕事や収入を増やせます。中には年収1000万円以上の社労士もいるそうです。**給与は勤務先や経験によって大きな差があることがわかります。

★ 平均年収 ★

490万円

★ 生涯賃金 ★

2億5515万円

★ 初任給 ★

15万円

★ DATA ★

- [x] 資格
- [ ] やりがい
- [ ] 安定性
- [ ] 残業
- [x] 休日
- [ ] ストレス

社会保険労務士

独立して年収1000万円の社労士がいるのも事実だが、独立開業型は個人差が大きい。中には仕事がとれず年収100万円という人もいるのだとか。

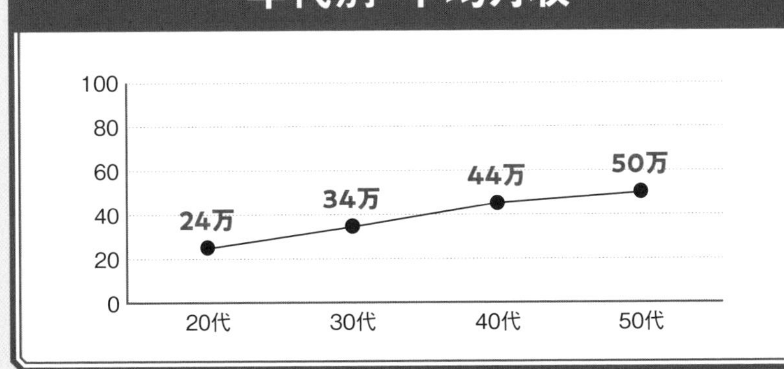

Job 08

海事代理士

平均年収は100万～1000万円と大きな差がある

大型船舶の所有者は、船の所有権、貸借権、抵当権などに関して、法務局に登録しないといけません。これを船舶登記と言います。

船舶登記など海についての法務手続きを依頼人の代理で行うのが、海事代理士の仕事です。仕事内容が似ていることから、「海の司法書士」「海の行政書士」とも呼ばれています。

船に関する法律は複雑なので、海事代理士の仕事は専門性が高いものになっています。船舶登記は弁護士や司法書士でも行えますが、船舶国籍証書取得や船舶検査などは海事代理士ならではの仕事です（船舶所有者でも行うことは可能）。

海事代理士になるには、海事代理士の国家試験に合格しないといけません。試験を突破した後に、地方運輸局に登録すれば海事代理士と名乗れます。晴れて海事代理士になると自分で開業することもできます。ただし、海事代理士の資格だけで食べていくのは難しいかもしれません。

実は**司法書士、行政書士、社会保険労務士など他の士業の資格も持っている海事代理士がほとんどなのです。**海事代理士専業でやっていけている人は、海運・造船業界に太いパイプを持っていて、兼業することで常にたくさんの仕事を確保できているのだと考えられます。そうでない場合は、収入的に厳しくなります。また、他の士業の資格を持つ人の知識量なら、海事代理士の試験に受かりやすいという事情もあります。

こうした理由から、海事代理士専業だと収入はあまり高いとは言えません。ですが、前述のように**人脈を持っている人であれば開業当初で年収500万、ベテランになれば年収1000万円以上を稼ぐことも可能なのです。**

海事代理士

海事代理士専業の場合、人脈がないと平均年収は約100万円ではないかと推測する声もある。別の士業の仕事と組み合わせて活動するべきだろう。

⋆ 平均年収 ⋆

500万円

⋆ 生涯賃金 ⋆

1億5025万円

⋆ 初任給 ⋆

11万円

⋆ DATA ⋆

- [x] 資格
- [ ] やりがい
- [ ] 安定性
- [ ] 残業
- [x] 休日
- [ ] ストレス

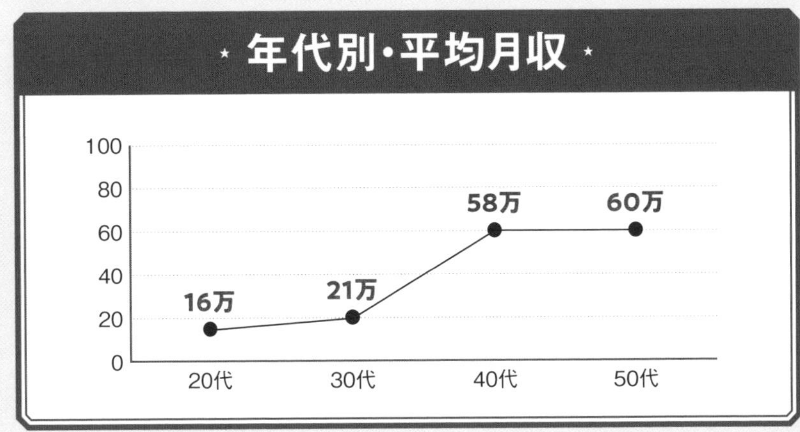

＋αで知りたい！ あの職業と給料は？ 士業編

土地家屋調査士

★平均年収★

460万円

▶勤務先によって収入の差が

不動産を登記する際に必要となる測量や調査、申請手続きを行う。平均年収は400〜500万円だが、なかには1000万円を超える者や、100万円に満たない者もいる。大手ゼネコンや土木建設会社などへ就職するか、独立するかによって収入に差が出るため、増減が激しい。

不動産鑑定士

★平均年収★

564万円

▶不動産を通して経済を動かす

不動産の鑑定業務のほか、街づくりなどの分野でも活躍を見せる不動産鑑定士になるためには、国家試験に合格することが必須。幅広い知識を問われるため、準備期間を含めて数年を要して取得する資格となっている。20代で30万を超える月収が見込めるなど、安定性の高い仕事である。

証券アナリスト

★平均年収★

690万円

▶外資系証券は年収が高い

証券投資において、専門的な知識と分析技術を用いて情報解析や投資価値の評価を行う仕事。平均月収は30万円、50万円、60万円と年齢を重ねるごとに上がっていく傾向にあるが、経験を積んで外資系の証券会社で活躍ができれば、年収は一気に800万円〜1500万円まで跳ね上がる。

FP（ファイナンシャルプランナー）

★平均年収★

384万円

▶豊富な知識を持つ金の専門家

資産の運用方法や保険の見直しなど、利用者の相談に乗り解決策を導き出す仕事。資格取得後は金融機関などに就職するケースが多い。FPの平均月収は30〜40万円ほど。利用者からの信頼が収入に直結するため、経験を積み知識や情報をその都度アップデートする必要がある。

測量士

★ 平均年収 ★

360万円

▶ 工事前の大切な業務

工事予定地の正確な位置や面積などを培った技術を駆使して測定する仕事。測量にミスがあると工事全体の予定が狂い、安全面において問題が生じることもある。主に、実績や勤務態度で昇給を決める会社が多く、平均月収は35万円。ほかの職種に比べるとボーナスが多い。

建築士

★ 平均年収 ★

500万円

▶ 受験するには実務経験が必要

建築基準法に基づいて建物の設計を行う。建築士にも階級があり、1級建築士になるためには2級建築士としての経験を積み、試験に合格しなければならない。月収は勤続年数に応じて少しずつ増えていく。初任給は24万円程だが、40代になると45～50万円の給与が期待できる。

宅地建物取引士

★ 平均年収 ★

480万円

▶ 法律の知識も豊富

不動産の売買や賃貸の仲介などを行う宅地建物取引士になるためには、資格が必要となる。不動産会社に入社する際、資格の取得が入社条件となっている会社も多い。初任給は20万円を切るが、経験を積み、営業スキル等も身につけば成績次第で年収1000万円を目指すことも可能。

通関士

★ 平均年収 ★

540万円

▶ 海外での活躍も夢じゃない

物品を輸出入したい顧客からの依頼を受け、代理で通関業務を行う仕事。グローバルな活躍も期待でき、今後はさらに貿易実務の専門家として需要が高まるとされている。平均月収は38万円。しかし、勤務先や年数、スキルや実績によっては年収に700万円程の差が生まれることも。

COLUMN 4

様々なルートがある 気象予報士の就職先

気象予報士は、気象庁のレーダー、観測データをもとに一日の天気や降水確率を予測していく仕事です。気象予報士には、どのような就職先があるのでしょうか。

まずは、気象予報士の資格保有というスキルを活かしてマスメディアに就職する方法があります。中にはニュース番組で、実際に天気を伝えるという仕事を担う人もいますが、**主な仕事は、裏方としてお天気キャスターが読む気象情報の台本を作成することなのです。**

次に気象会社に就職するというもの。天気の分析データをもとに精密に気象予報を行うこの仕事では、他社と合同で新たな商品の開発を行うこともあります。知識やスキルを存分に活かせる場所と言えるでしょう。また、一般企業に就職をする気象予報士もいます。農産物に関わりが深い会社では、天候が商品の売り上げに影響することも。そのため、気象予報士は重宝されるのです。

気象庁、地方自治体への就職も可能です。この場合は、公務員として働くことになります。ただ、予報官として日々の天気観測を行う仕事なので、気象予報士の資格を保有しておくと就職は有利でしょう。航空会社も主な就職先です。飛行機の操縦・移動の際、天候の動きは極めて重要。航空業界全体を見ても気象予報士の資格を取得して働く方が多いようです。そんな気象予報士の平均給与は 33 万円程度。給料は一般的と言えます。

Occupation and salary

第4章

医療・介護系の仕事

Job 01

医師

駆け出し時代はアルバイトで食いつなぐことも

医師の仕事というと、病気の治療や予防を思い浮かべるかもしれませんが、これは医師全体の仕事の一部です。患者を診断して治療する医師である「臨床医」の他に、大学などで医療の研究をする「研究医」もいます。研究医は病気のメカニズムを明らかにして、新しい治療法を見つけるのです。

臨床医の働き方には、自分で医院を開業する、または病院や診療所で働くという2パターンがあります。そして、働く場所によって臨床医の仕事の内容も変わってきます。

医師になるためのルートは、医学部のある大学を卒業して、医師国家試験に合格するというものです。**試験自体の合格率は90％前後。「医師ってそんなに簡単になれるの？」と思うかもしれませんが、医学部入試自体の難しさもありますし、在学中にはしっかりと勉強しないといけません。**

また、2年間の臨床研修も受ける必要があり、医師になるまでに時間がかかります。この研修の間に、自分が進みたい診療科を決めます。また、必須ではありませんが、多くの医師がさらに研修を受けて専門医（専門医療を提供できる医師）と認定されます。

医師の平均年収は約1160万、平均月収は91万円と言われ高収入ですが、働き始めた20代の給与はあまりよくありません。大病院の医師だと年収2000万円ということもありますが、**大学病院の助手クラスの医師だとアルバイト（非常勤の医師として働く）で生活費を稼ぐことも珍しくありません。**

たとえ給与が高かったとしても、非番の日でも呼び出されるのが当たり前という激務であるので、割に合わないかもしれません。

医師

病院を開くとしても、開業費用が高い割に診療報酬は低下している。開業医の子供が親の病院を引き継ぐのが、一番恵まれた儲かる道だ。

★ 平均年収 ★

1160万円

★ 生涯賃金 ★

3億8980万円

★ 初任給 ★

30万円

★ DATA ★

- ☑ 資格
- ☑ 安定性
- ☑ 休日
- ☑ やりがい
- ☑ 残業
- ☑ ストレス

★ 年代別・平均月収 ★

年代	平均月収
20代	30万
30代	73万
40代	96万
50代	130万

Job 02

歯科医師

数が過剰になり食えない歯科医師もたくさんいる

歯科医師と医師の資格はまったくの別ものです。歯科医になるためには、大学の歯学部または歯科大学を卒業して、歯科医師国家試験を受験します。合格して歯科医師免許を取得後に、1年以上の臨床研修を受ければ歯科医師として働けるようになります。

歯科医の仕事は、歯の病気の治療だけではありません。口の中や舌やアゴの病気も治療します。歯並びの矯正、人口の歯を作るインプラント治療も行います。アスリートのパフォーマンスを上昇させるためのスポーツ歯科も、近年注目を集めている分野です。

また、近年の傾向として「コンビニよりも歯科医院のほうが多い」などと、歯科医過剰の問題が語られ、そうした事態を受けて歯科国家試験の難易度も年々引き上げられています。

かつては「歯科医は儲かる」と言われていましたが、**歯科医の数が過剰になり、大半の歯科医院の経営は苦しい状態です。**食えない歯科医も増え、つぶれる歯科医院も増えています。この背景には、子供の虫歯の急激な減少で、ただでさえ少ない患者がさらに減ったという事情もあります。

歯科医師の**平均年収は約655万円というデータがありますが、競争が激しくなっているので人によって額が大きく違うと思われます。**

歯学部を卒業したばかりの20代の年収は約190万円であり、年齢が上がるにつれ収入が高くなる傾向があります。50代になると1000万円以上に達する人も多いと言われます。

こうした中、生き残るためには前述のスポーツ歯科など新しい分野や訪問診療などに力を入れていくしかないでしょう。

★ 平均年収 ★

562万円

★ 生涯賃金 ★

3億8335万円

★ 初任給 ★

21万円

★ DATA ★

- [x] 資格
- [x] やりがい
- [ ] 安定性
- [ ] 残業
- [x] 休日
- [ ] ストレス

歯科医師

日本歯科医師会の2013年のデータでは、開業歯科医師の約20%は年収300万以下、約20%は年収3000万以上だった。個人差が大きい世界なのだ。

★ 年代別・平均月収 ★

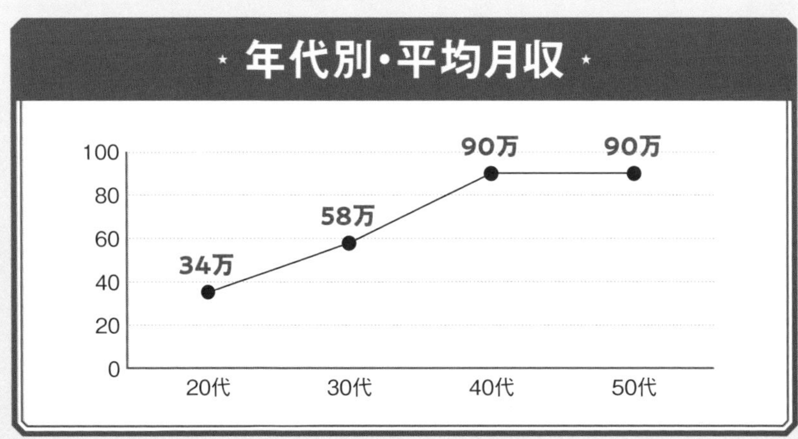

Job 03

薬剤師

薬局・企業・ドラッグストアなど活躍の場によって給与が異なる

医師が出した処方箋(しょほうせん)をもとに薬を出す、薬剤師。薬の専門家の薬剤師は、調剤した薬を患者に渡しますが、ただ薬を出すだけではありません。患者の健康に関わるものですから、**処方箋に誤りがないか、患者さんの症状に対して薬が適切かどうかもチェックし、患者に対して正しい服用法の指導もします。**

私たちは薬局や病院で薬剤師と接しますが、薬剤師の働く場所はそこだけではありません。製薬会社で新薬の研究・開発を担当する薬剤師もいます。治験専門企業で、治験に関わったり、臨床試験が正しく行われているかどうかをチェックする薬剤師もいます。

行政機関で食品衛生の監督業務を行ったり、医薬品製造業者の検査・指導などを行う薬剤師もいます。化粧品メーカーや食品メーカーで商品開発を行う薬剤師もいます。30ページで紹介した麻薬取締官も薬剤師の資格が求められる職業です。

薬剤師になるには、薬学部や薬学系大学を卒業して、国家試験を受ける必要があります。試験に合格して申請し、厚生労働省の薬剤師名簿に登録されると薬剤師として活動できます。

前述のように薬剤師の働く場所は様々なので、**勤務先によって収入が大きく異なります。最も高い収入の雇用は製薬会社で、病院や薬局、ドラッグストアはほぼ同じ水準です。**平均年収は520万~540万円前後。今後、高齢化がさらに進む日本では、薬剤師のニーズはより高まっていくことでしょう。ドラッグストアの店舗数も増え、医薬品を扱うコンビニも登場している状況ですので、薬剤師の活躍の場はますます増えていくものと思われます。

薬剤師

2014年のデータだと、全国の薬剤師の約29万人のうち、61%が女性である。女性にとって働きやすい職業であることがうかがえる。

★ 平均年収 ★

533万円

★ 生涯賃金 ★

2億6035万円

★ 初任給 ★

21万円

★ DATA ★

- ☑ 資格
- ☑ やりがい
- ☐ 安定性
- ☐ 残業
- ☑ 休日
- ☐ ストレス

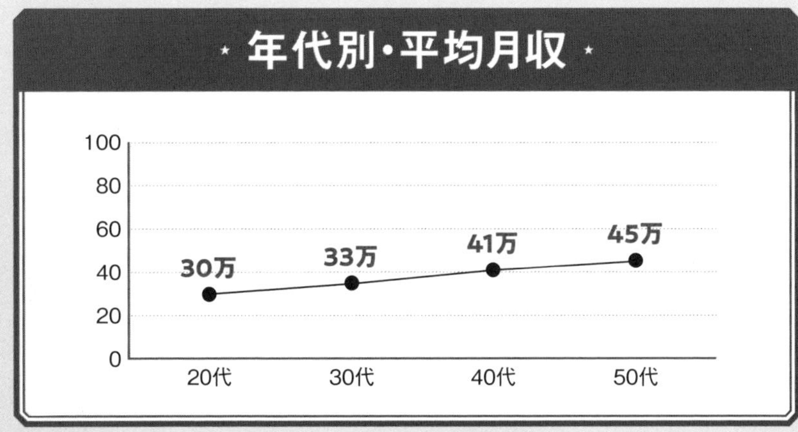

Job 04

放射線技師

医師を除いた医療系の資格で薬剤師の次に年収が高い

レントゲンやCT、MRI、ラジオアイソトープ検査、がん細胞を破壊する放射線治療など、現代医療の検査や治療には、放射線を使ったものがたくさん存在しています。そうした放射線検査・治療のスペシャリストが診療放射線技師です。

診療放射線技師は国家資格です。大学や短期大学、専門学校で学んだ後に、国家試験を受けて合格すれば診療放射線技師になれます。

診療放射線技師の8割近くが男性というデータもありますが、**女性の乳がん検診や乳房のマンモグラフィ検査もあるため、女性技師を求める声が高まっています。**

主な就職先は病院や検診センターなどの医療機関です。医療機関以外で働く人が大半ですが、それ以外では、医療機器の開発・研究を行うメーカー、電力会社、原子力発電所などで働く診療放射線技師もいます。電力会社や原子力発電所では、放射能測定を行います。

医療機関によっては、パートや非常勤扱いでの短時間勤務という雇用形態で働くこともあります。その場合は時給で給与が支払われることになりますが、技術を持った専門職ですので時給は高めであることが多いようです。

平均年収は503万円で、医療機関の規模によって金額が変わってきます。大病院で働けば、給与の額も大きくなります。**20代の平均年収は290万円前後で、最大年収を迎える50代は700万円程。**経験年数により給与も上がります。

放射線を扱うので「被曝しないのか？」と心配する人もいるかもしれませんが、診療放射線技師は放射線のスペシャリストで安全管理をしっかりしています。その危険性は低いと言えるでしょう。

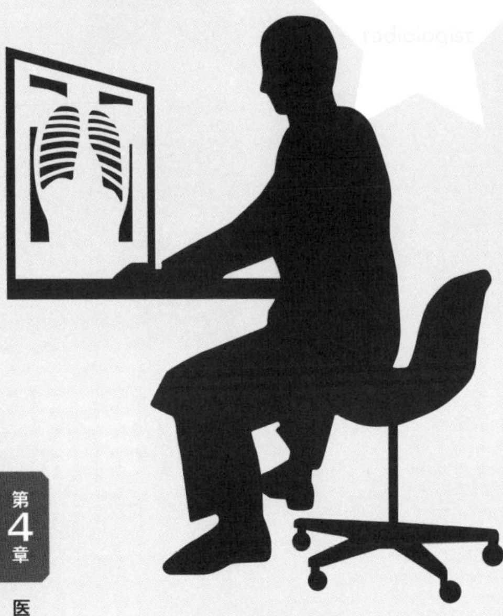

★ 平均年収 ★

503万円

★ 生涯賃金 ★

2億3381万円

★ 初任給 ★

24万円

★ DATA ★

- [x] 資格
- [x] やりがい
- [x] 安定性
- [ ] 残業
- [x] 休日
- [ ] ストレス

第4章

医療・介護系の仕事

放射線技師

病院に勤務する場合、病院の休診日が診療放射線技師の休みとなる。だが、新人のうちは機器の勉強や病院外での研修を休日にやることもあるという。

★ 年代別・平均月収 ★

年代	平均月収
20代	28万
30代	33万
40代	38万
50代	49万

Job 05

看護師

「看護師＝高給」のイメージは夜勤手当のおかげ

病院や診療所で医師の診察や治療のアシスタントをする看護師。赤ちゃんからお年寄りまで、さまざまな人たちをケアする役割を担っています。

看護師になるには国家試験に合格し、看護師免許を取得する必要があります。試験を受験するには専門教育を修了しなければならず、中学または高校卒業後に看護大学や看護専門学校に進学するのが一般的なルートです。

合格率は約90%と比較的高く、受験者数は毎年5〜6万人で増加傾向にあります。また、看護師よりも下のキャリアとして准看護師という資格もあり、資格取得のハードルが低いことが特徴です。准看護師は看護師のように自らの判断で業務を行えませんが、医師の指示のもと看護師と同じ補助業務を行います。

主な就職先は病院やクリニックで、最近では高齢化に伴い、介護福祉施設に就職する看護師が増えているそうです。

給与形態は勤務先によって異なりますが、平均年収は492万円で、平均月収は34万円です。**全職種の平均よりもやや上回り、女性の平均給与と比べた場合100万円ほど高い水準です。**准看護師の平均年収は413万円で平均月収は28万円。看護師よりやや低めの給与です。

また、手当の中では「夜勤手当」を占める割合が高いのが特徴で、月に3.5〜5万円を夜勤で稼いでいるという結果が出ています（日本看護協会「2020年病院看護実態調査」より）。**夜勤の負担が大きいからこそ高い給与を得られるという実態がうかがえます。**「高給取り」というイメージがありますが、仕事の労力を考えると割に合わないという声が多いのが現状です。

★ 平均年収 ★

492万円

★ 生涯賃金 ★

2億2011万円

★ 初任給 ★

21万円

★ DATA ★

- ☑ 資格
- ☑ やりがい
- ☑ 安定性
- ☑ 残業
- ☐ 休日
- ☑ ストレス

看護師

勤め先の病院によっては、夜勤や土日・祝日の出勤が当たり前。また、看護師だらけの女性社会なので人間関係に悩んでしまう人も少なくない。

★ 年代別・平均月収 ★

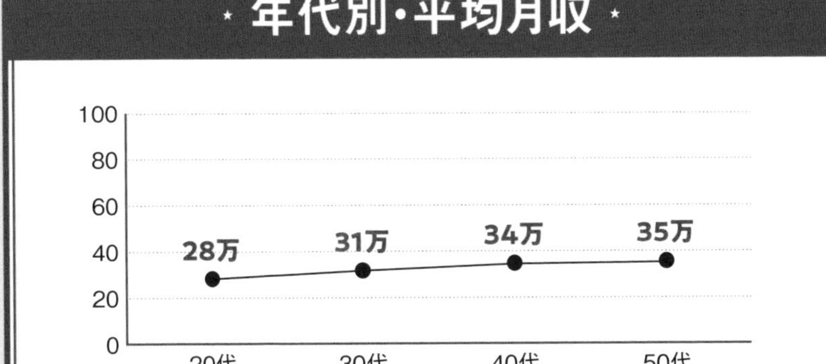

Job 06

介護福祉士

高齢化社会により仕事のニーズがどんどん高まる

介護福祉士は、身体が不自由な人や高齢者の生活をサポートします。仕事内容は、**着替えや入浴、移動、ベッドからの立ち上がり、トイレなどの補助をする「身体介護」や、調理や食事の準備、掃除、身の回りの整理、洗濯、買い物など家事全般を手伝う、「生活援助」です。**

この他にもサービス利用者の話し相手になったりとメンタルケアも行いますし、サービス利用者の家族とコミュニケーションをとって介護に関する相談に乗ったり指導も行います。また、介護の現場におけるチームリーダーとして職場のスタッフに対する指導を行うことも必要です。

介護福祉士になるには、国家資格をとらないといけません。介護福祉士を養成する学校で学んでから介護福祉士の国家試験を受けます。学校を出ていなくても、現場で3年以上の経験を積んで研修を受ければ受験資格が得られます。国家試験を受ける大半の人は、最後に紹介した現場で実務経験を積むルートを経ているのです。

就職先としては老人ホーム、介護療養型医療施設、身体障害者施設、デイサービス、デイケアなどの介護施設が大半です。それ以外では、訪問介護サービスの事業者でも働けます。

正規職員として介護施設で働く介護福祉士の月収は20万円前後、年収で250~400万円程度が一般的です。派遣社員の平均時給は約1300円なので、年収としてはやや低い傾向にありますが、休日出勤や夜間の勤務が発生した場合は、それに対する手当が上乗せされます。

今後の日本はますます高齢化が進んでいきます。介護福祉士のニーズは確実に高まることでしょう。

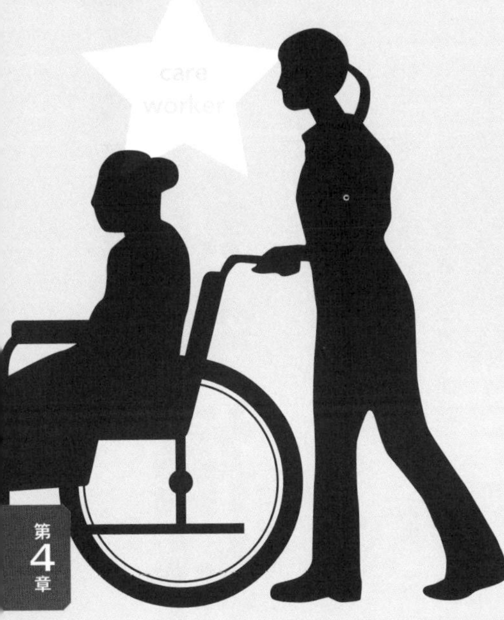

★ 平均年収 ★

400万円

★ 生涯賃金 ★

1億5813万円

★ 初任給 ★

11万円

★ DATA ★

- [x] 資格
- [x] やりがい
- [ ] 安定性
- [x] 残業
- [ ] 休日
- [ ] ストレス

介護福祉士

サービス提供体制強化加算という制度で、職員の中で介護福祉士の割合が多いと事業者が高く評価されるので、有資格者は給与の額がアップする。

★ 年代別・平均月収 ★

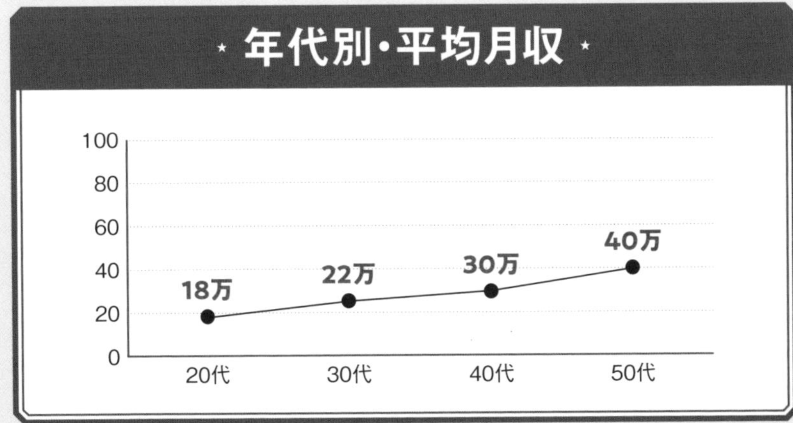

Job 07

社会福祉士

社会のニーズが高いが、年収が平均よりやや低め

「ソーシャルワーカー」とも呼ばれる社会福祉士は、様々な理由で日常生活を送る上で問題を抱えている人を助けます。**心身の障害、高齢、貧困などによって起きる様々な問題を解決するために福祉面で人々を支援するのです。**

社会福祉士が働く場所は、高齢者福祉施設、障害者福祉施設、病院、児童相談所、母子生活支援施設、地域包括支援センター、社会福祉協議会などです。勤務先は、児童分野、高齢者分野、障害者分野などに大きく分けられます。

具体的な仕事としては、利用者の話を聞いた上で支援内容を検討して提案する相談業務があります。利用者が十分に支援サービスを使えるように手続きも行います。

資格を取得するためには、社会福祉士国家試験を受験します。受験資格を得るコースとしては「大学の社会福祉士養成を目的とした学科で学ぶ」「福祉系の短大・専門学校で学んだ後に実務経験を積む」などがあります。試験に合格して、資格取得後に登録すれば社会福祉士として働けます。

なお、相談業務自体は社会福祉士でなくても相談業務を行うことはできますが、資格があれば社会福祉士と名乗って働けます。

給与は働く施設によって異なりますが、**社会福祉士の平均年収は約380万円、平均月収は25〜35万程度で他の職業とくらべて低めです。**しかし、公的機関で働けば、公務員になるので収入も安定し、手当や福利厚生が充実します。

また、資格取得によって独立や副業も可能であり、高齢化社会によりニーズが高まっているため、働き方によっては高い収入を目指すことも可能です。

社会福祉士

社会福祉士はソーシャルワーカーとも呼ばれるが、社会福祉士は資格がないと名乗れないのに対して、ソーシャルワーカーは無資格でも名乗れる。

平均年収

380万円

生涯賃金

1億6707万円

初任給

14万円

DATA

- ☑ 資格
- ☑ やりがい
- ☑ 安定性
- ☑ 残業
- ☐ 休日
- ☐ ストレス

年代別・平均月収

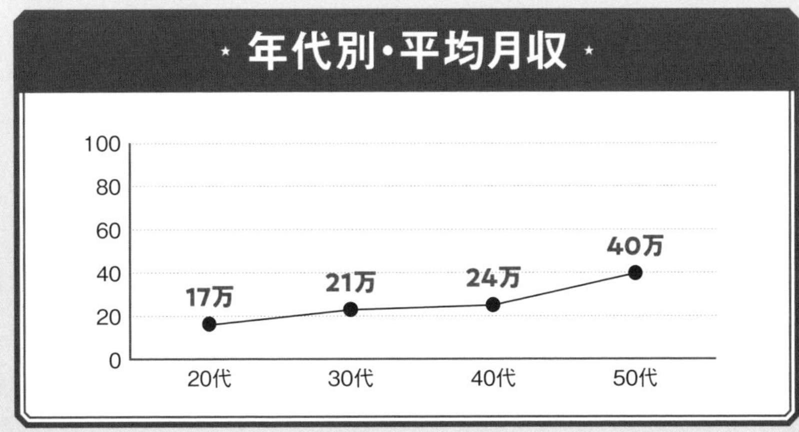

+αで知りたい! あの職業と給料は? 医療・介護編

鍼灸師(しんきゅうし)

★ 平均年収 ★
350万円

▶ 物理的刺激によって健康体に

はり師ときゅう師のふたつの国家資格を兼ね備えている鍼灸師。身体の不調改善したり、健康を促すための治療を行う。治療院などに勤務する場合は固定給となり、月給は18〜35万円程。歩合制の職場や独立開業をする場合などは、経験を積むことで収入の増加につながる。

精神保健福祉士

★ 平均年収 ★
324万円

▶ 雇用形態で収入に差が出る

精神障害者やその家族を支援する仕事。国家資格に合格することでなれる職業だが、資格手当がつくことは少なく、長く働いても年収の増加はあまり見込めない。基本給は27万円と少ない傾向にあるが、賞与や手当で優遇されるため、全体の給与は国家公務員に準ずる。

保健師

★ 平均年収 ★
358万円

▶ 求められる知識は幅広い

病気にならないよう、事前に適切な指導や対策をすることが保健師の主な業務内容。食事や運動の指導のほかにも、健康管理や感染症対策など、あらゆるケースに対応できる知識を要する。最初の数年は低めの給料だが経験を積み役職がつけば看護師の平均年収を超えることが大半だ。

助産師

★ 平均年収 ★
406万円

▶ お産に立ち合うだけではない

お産に立ち合い、赤ちゃんを取り上げることの他に、妊娠時の生活指導や母子の体調管理など様々なサポートを行う。看護師資格と助産師資格の両方が必要となり、簡単になれる職ではない。平均年収は低いもののスキルなどに応じて給与は異なるため、給与幅は広い。

臨床検査技師

★ 平均年収 ★

493万円

▶ 働く場所が多く用意されている

医療機関において検体検査や生理機能検査をするのが主な仕事。医療機関のほかに、製薬メーカーや食品メーカーなどで働けることも。平均年収は500万円前後だが、勤務地や勤続年数によって偏りが見られ、低くて270万円、管理職が増える40代になると年収が600万円を超えることもある。

ケアマネージャー

★ 平均年収 ★

300万円

▶ 5年以上の実務経験が必要

要介護認定を受けた方に対してケアマネジメントを行う専門職。自宅でサポートをする居宅ケアマネージャーと、施設でサポートをする施設ケアマネージャーがある。給与は20〜30万円と低めではあるが、資格手当がつくことから、介護職員全体で高い水準の給与に位置付けられる。

言語聴覚士

★ 平均年収 ★

360万円

▶ 比較的新しい専門職

後遺症や、生まれつきの障がいによって「話す」「聞く」「食べる」ことが困難になった人のリハビリテーションを手助けする仕事。比較的新しい資格であるため、人手が不足している。平均月収は25〜30万円程度。医療職でありながら、夜勤や休日出勤が無く、給与は低めとなっている。

救命救急士

★ 平均年収 ★

718万円

▶ 医療系の中でも収入が高い

救急車に乗って病院まで患者を搬送するのが主な仕事である救命救急士。ほとんどの人は消防署に勤務しており、医療系の職業の中だと給与は高めに設定されている。昇給は年齢に応じて行われ、月収は20代では20〜30万円、30代では35万円、40代になると40〜50万円となる。

COLUMN 5

獣医になるには どうすればいい?

獣医師の仕事は、「動物のお医者さん」というイメージが強い職業ですが、獣医師が仕事として関わる動物はペットとして飼われている動物だけでなく、業務内容も様々です。

競馬場にて、競走馬の健康状態を確認したり、レース後に検診を行う獣医師もいれば、畜産農家からの依頼で産業動物の診療や出産ケアを行う獣医師もいます。

特に家畜専門の獣医師は、畜産農家の経済的な損失を防ぐという意味でも重要な役割を果たしているのです。

獣医師になるためには、獣医学課程のある大学で6年間学んでから、獣医師国家試験に合格し、農林水産大臣から獣医師の免許を得る必要があります。国家試験の合格率は高く、しっかりと獣医課程のある大学で勉強をすれば獣医になることは難しくはないでしょう。

獣医師の平均給与は月に42～46万円。命に関わる仕事のため、急患の対応に追われることもしばしば。忙しい仕事ですが、獣医不足に悩まされている団体も多いことから、ニーズのある仕事です。

現在、貿易の自由化などの影響により、家畜を専門としている獣医師は減少傾向にあります。しかし、ペット愛好家の増加に伴い、ペット関連の需要は増加しています。

また、食の安全の分野やバイオテクノロジー関連の研究・実験においても獣医師には大きな期待が寄せられているのです。

Occupation
and salary

第5章

飲食・サービス系の仕事

Job 01

料理人

高級レストランのシェフクラスの年収は1000万円以上

「料理人」と「調理師」は似た意味の言葉ですが、実は資格という面では大きな違いがあります。調理師免許は国家資格なので、調理師と名乗って働くには資格を取得しないといけません。専門学校を卒業する、または都道府県が実施する調理師試験に合格すれば、調理師免許を取得できます。

一方の**料理人には、免許は必要ありません。調理師免許がなくても、料理を作って提供してよいのです**。飲食店が料理人を募集する際にも、調理師免許を条件とすることは少ないようです。

調理師免許を取得するメリットとしては、社会的信用が得られるというものがあります。学校給食の調理員などだと調理師免許を求められるので、就職にも役立ちます。

料理に関わる職業として、他に「シェフ」もあります。こちらは飲食店の料理人を統括する立場のことです。似た肩書としては、ホテルなどにおける料理長、和食店における花板があります。

働く上で資格が必要な料理人も存在します。それはふぐの料理人です。ふぐには内蔵などに猛毒を含んでいるため、ふぐ料理を提供する飲食店には、ふぐ調理師の免許を持つ料理人がいなければならないのです。

料理人の平均年収は390万円で日本の平均値より低めと言えます。ただ、勤務先や雇用形態などにより大きな違いがあります。料理のジャンルや地位によっても違いがあり、和食系の料理人は平均年収320~360万円、中華・西洋系のコックは330~350万円と言われ、**ホテルの料理長クラスだと年収1200~2000万円、高級レストランや高級料亭の料理長なら年収1500万円**と高額の給与を得られます。

料理人

料理に関する職業として、メディアなどで活躍する料理研究家もあるが、これも資格は必要ない。資格よりも料理の腕前やセンス、知識が要求される。

★ 平均年収 ★

390万円

★ 生涯賃金 ★

1億7150万円

★ 初任給 ★

17万円

★ DATA ★

- ☐ 資格
- ☐ 安定性
- ☐ 休日
- ☑ やりがい
- ☑ 残業
- ☐ ストレス

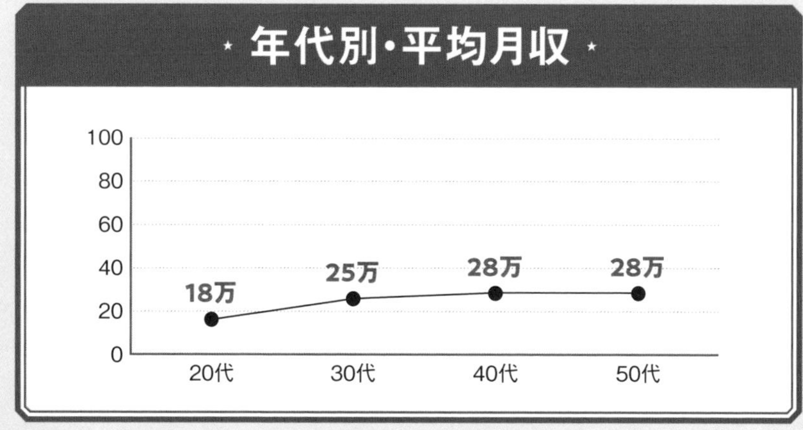

Job 02

ソムリエ

資格と接客スキル、経験により収入源が広がる

レストランにおけるワイン係のことをソムリエと呼びます。ただワインを出すだけではソムリエにはなれません。客の好みもふまえながら、料理に合うワインを選んで提供します。**ワインの提供だけでなく、ワインの仕入れや在庫管理、グラスなどの備品の管理まで行うのです。**

こうした業務を担当するので、ワインに対する知識と関心が必要です。ワインの味をわかりやすく説明するための言葉のセンスも重要でしょう。ソムリエを雇うレストランやホテルは高級であることがほとんどですから、高級店にふさわしい接客のスキルも求められます。

資格がなくともソムリエを名乗って仕事をすることはできますが、現在は民間団体のソムリエ資格が浸透しています。日本でソムリエ検定試験を行っているのは日本ソムリエ協会と全日本ソムリエ連合です。これらの資格を取得しておくと、ソムリエとして就職して働く上で有利になることもあります。

ソムリエの平均年収は３００〜６００万円程度と考えられています。幅があるのは、キャリアや勤める店のグレードによって収入が変わってくるからです。20代の平均年収は約２２０万円で、最大年収を迎える50代は４８０万円あたりと推測されます。また、ホテルのレストラン部門にはソムリエにも階級があり、一番上のチーフの中には年収が１０００万円を超えている人もいるようです。

実力が評価されて有名になれば、メディア出演、講演・セミナー、飲食店のコンサルティングなどもできるようになります。ワインバーやレストランなど自分の店を開くソムリエもいます。

ソムリエ

大手ホテルなどで複数のソムリエが働く場合、「チーフソムリエ」を頂点にした階級制が作られることもある。当然、チーフのほうが給与も高い。

★ 平均年収 ★

389万円

★ 生涯賃金 ★

2億635万円

★ 初任給 ★

15万円

★ DATA ★

- ☑ 資格
- ☑ やりがい
- ☐ 安定性
- ☐ 残業
- ☐ 休日
- ☐ ストレス

★ 年代別・平均月収 ★

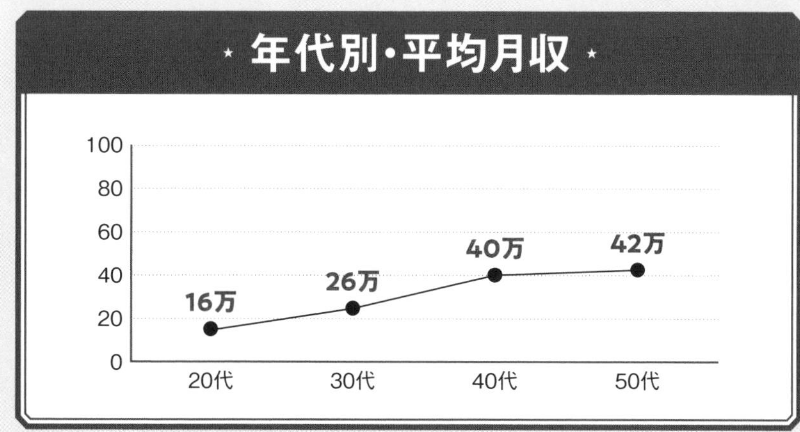

Job 03

パティシエ

下積み時代は月収15万円も珍しくない

パティシエの仕事は、ケーキをはじめとした洋菓子を作ることです。洋菓子職人であるパティシエの職場としては、洋菓子店、レストラン、ホテル、カフェ、菓子メーカーなどがあります。

その仕事内容は勤務先やその規模によって変わります。たとえば、パティシエが少人数の洋菓子店では、**生地作りから最後のデコレーションまで一人で行うことが多いのですが、製造量も多い大きな店だとパティシエたちで分業するので、個人によって担当する工程が決まっています。**

また、洋菓子店の場合、店のオープン時には商品がそろってないといけないので、パティシエたちの仕込み作業も早朝から行うことになります。

ホテルのパティシエはデザートや結婚式用のウェディングケーキ、販売用の洋菓子などを作ります。菓子メーカーでは新商品の開発、既存商品の改善などを担当します。

パティシエは専門学校で学んだ人が多いです。パティシエの国家資格などはありませんが、「製菓衛生師」「菓子製造技能士」といった資格がパティシエとして働く上で活かせます。

パティシエの給与は勤務先によって変わってきますが、平均年収は347万円です。専門的なスキルを要求される職業でありながら、残念ながら低めと言えます。

初任給の平均は16万円で、ホテルやブランド店では20万円を超える場合もあるそうですが、個人経営の店の場合はさらに低くなります。

パティシエ1年目の給与はかなり低めですが、実力が認められれば、年収500万円以上も不可能ではありません。お菓子作りへの情熱が、年収に反映されていくでしょう。

★ 平均年収 ★

347万円

★ 生涯賃金 ★

1億5813万円

★ 初任給 ★

16万円

★ DATA ★

- ☐ 資格
- ☐ 安定性
- ☐ 休日
- ☑ やりがい
- ☑ 残業
- ☐ ストレス

パティシエ

当然ながら洋菓子の本場は海外。パティシエとして優れた技術を身につければ、海外の洋菓子店やレストランで活躍することも夢ではない。

★ 年代別・平均月収 ★

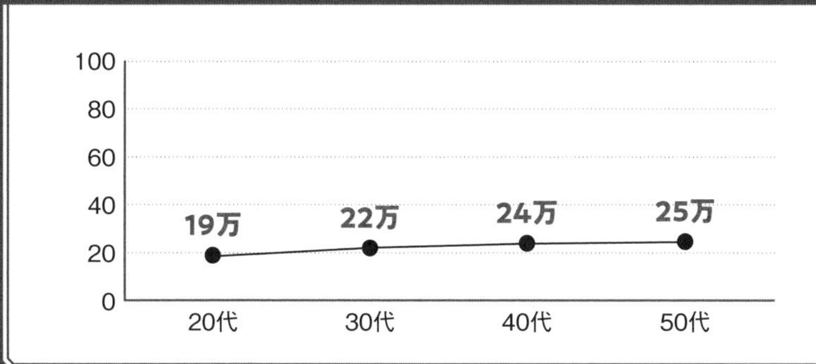

Job 04

バーテンダー

スキルを磨いて独立すればさらに年収アップ

バーテンダーはカクテルなどのお酒の専門家です。注文に合わせてカクテルを提供しますが、優秀なバーテンダーであれば、客の好みに合わせて味を微妙に調整することもできます。

バーテンダーによって味に違いが出るなど、カクテル作りの技術は奥深いものがあり、その技術を競う世界大会も開かれているほどです。

バーテンダーになるためには、専門学校などでバーテンダーの技術を学ぶこともできますが、アルバイトなどで未経験の状態からバーで働き始め、その中でバーテンダーとしての技術を身につけていった人もいます。

働く上で**必須の資格などはありませんが、日本バーテンダー協会がバーテンダー呼称技能認定試験という資格試験を行っています**。バーテンダー大会においては資格を持っていることが出場条件になることもありますので、資格をとっておいて損はないでしょう。

バーテンダーの主な勤務先はバーですが、個人経営の小さな店から、高級店や企業が経営するチェーン店まで様々なタイプのものがあります。そのため、給与も勤務先によって大きく変わります。

給与に関して公的機関の統計データはありませんが、**一般的な飲食業界の相場で考えると、平均年収は370万円となります**。店長に昇進したり、独立して自分の店を持てれば、収入はさらに大きくアップするでしょう。

前述のバーテンダーの世界大会では、過去に日本人が複数回優勝したこともあり、日本人バーテンダーの技術は世界に通用するものと言えます。技術を磨いていけば、海外で活躍する道も開けるのではないでしょうか。

バーテンダー

実はお酒が飲めないバーテンダーも存在する。ただし、口にごく少量含んで味見する必要はあるので、一滴も飲めない体質だと難しいだろう。

★ 平均年収 ★

370万円

★ 生涯賃金 ★

1億5813万円

★ 初任給 ★

18万円

★ DATA ★

- ☐ 資格
- ☐ 安定性
- ☐ 休日
- ☑ やりがい
- ☑ 残業
- ☐ ストレス

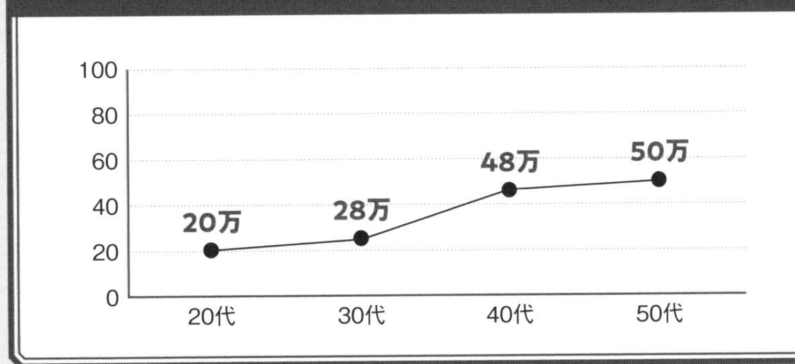

Job 06

美容師

売れっ子スタイリストになれば独立して収入もさらにアップ

髪の専門家である美容師の仕事は、カット、パーマ、カラーリングなどで客の希望の髪型にすること。**美容師は国家資格ですので、美容師として働くには美容師免許を取得しないといけません。**

免許のための国家試験は、厚生労働大臣が指定する養成学校を卒業することで受験資格が得られます。学校には通信課程もあるので、美容室で働きながら美容師の免許取得を目指す人もいます。

「管理美容師」という資格も存在します。管理美容師は美容室の衛生管理の責任者です。美容師として3年以上働いた上で講習会を受けると取得できます。美容業界の求人では管理美容師の資格を持っていると有利になります。将来的に独立したい人にとっても重要な資格と言えるでしょう。

美容師免許を持つ人の主な就職先は、美容室です。美容室の規模は個人経営の小さなものからチェーン展開の大きなものまで規模は様々です。

美容室以外では、結婚式場やまゆ毛とまつ毛のサロンなどもあります。映像や写真の撮影現場やファッションショーなどで働くヘアメイクアーティストになる人もいます。

似た職業として理容師がありますが、資格としては別のものになります。大きな違いは、理容師は顔そりやヒゲそりができることです。女性が店で顔を剃りたい場合は、理容師のいる店に行くことになります。

美容師の平均年収は3ー3万円で平均月収は26万円です。アシスタント期間の月収は10万円台前半になることも珍しくありません。**全体的に日本の平均値よりも低めですが、人気店で出世したり独立すれば高収入も夢ではなく、一部の人は1000万円を超えることもあります。**

美容師

2021年に発表した厚労省のデータによると全国の美容室の数は25万4422軒。美容師の資格があれば、就職先には困らないことだろう。

★ 平均年収 ★

313万円

★ 生涯賃金 ★

1億7150万円

★ 初任給 ★

14万円

★ DATA ★

- ☑ 資格
- ☑ やりがい
- ☐ 安定性
- ☑ 残業
- ☐ 休日
- ☐ ストレス

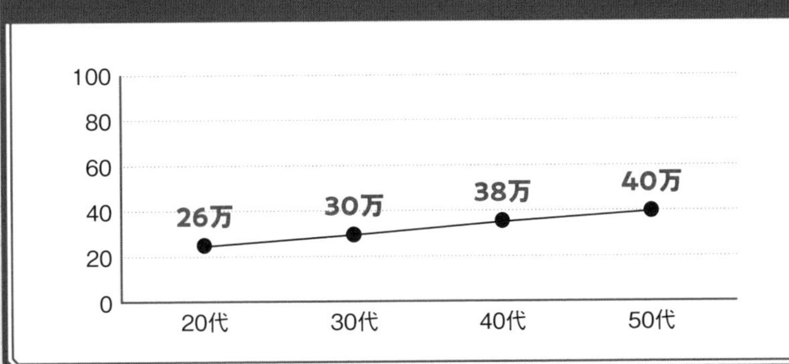

Job 07

ネイリスト

平均年収は300万円程度。ネイリスト1本の道は厳しい

爪の手入れをして、爪にデザインをほどこすネイリスト。ネイリストの主な仕事は、大きく分けて3つあります。

1つ目は「ネイルアート」。爪をデコレーションするもので、ネイリストと聞いたと時に多くの人が連想するものです。2つ目は「ネイルケア」。マッサージなどで爪の健康を保ちます。巻き爪などの爪のトラブルに対応するネイルサロンもあります。3つ目は「ネイルカラー」。爪に色をつけます。ベースコート、カラーポリッシュ、トップコートを順に塗って爪を補強します。

ネイリストになるために専門学校で学ぶ人もいますが、**必ず学校に行かなければいけないというわけではありません。ネイルサロンで働いて現場で知識・技術を身につける人もいます。**

ネイリストとして働く上で必ず必要な資格はありませんが、JNECネイリスト技能検定試験とJNAジェルネイル技能検定試験という民間資格はあります。ネイルサロンに就職する際の採用の基準になることもあるので、取得したほうがいいでしょう。

ネイリストの主な就職先はネイルサロンです。それ以外には、結婚式場や美容室で働くネイリストもいます。

平均年収は、サロンで正社員として働くと200〜300万円程度です。契約社員やパートだとそれより低くなります。初任給は19万円ですが、小さなお店の場合は16万以下ということも。一般の平均年収よりかなり低いといえます。**ネイリストとして高収入を目指すなら、独立開業やネイル講師などを目指すしかなく、人気になれば年収1000万円も不可能ではありません。**

ネイリスト

本業で別の仕事をしながら副業としてネイル関係の仕事をする人もいる。出張ネイリストとして働いたり、週末だけ自宅をネイルサロンにするのだ。

平均年収

320万円

生涯賃金

1億5125万円

初任給

19万円

DATA

- ☐ 資格
- ☑ やりがい
- ☐ 安定性
- ☐ 残業
- ☑ 休日
- ☐ ストレス

年代別・平均月収

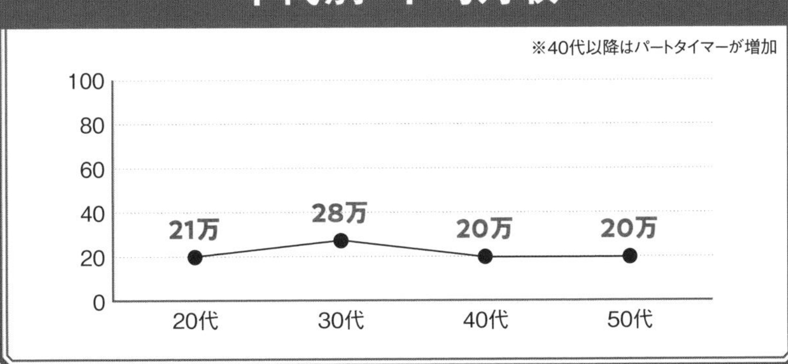

＋αで知りたい！

あの職業と給料は？ 飲食・サービス編

ファッションデザイナー

★ 平均年収 ★

398万円

▶ 実績により給与は異なる

仕事内容は注文に合わせて服を作る「オートクチュール」と、既製服を作る「プレタポルテ」に分かれる。経験や実績が重視される仕事なので、活躍しているのは長くこの仕事を続けていて、経験を積んだ30代～40代が多い。その年代でも月収25～40万円と給与幅が広いことが特徴だ。

理容師

★ 平均年収 ★

370万円

▶ シェービングは理容師のみ

シャンプー、カット、カラーなど仕事内容は美容師と変わらないが、顔のシェービングは理容師にしかできない。初任給は15万円程度。給与の幅も狭く昇給は少ないが、40代になると月収35万円の給与が見込めることから、勤続年数によってそれなりの昇給はあると見受けられる。

和菓子職人

★ 平均年収 ★

340万円

▶ 長い年月をかけて技術を習得

和菓子職人の手によって作られる細やかできれいな和菓子を作るのは簡単ではない。和菓子職人になるためには、高度な技術を要するため長く下積み生活を送ることは必須となる。平均月収は約26万円だが、下積み時代は20万円を切るため、一人前になる前に挫折してしまう人も多い。

バリスタ

★ 平均年収 ★

290万円

▶ 収入は店の知名度による

おいしいコーヒーを提供するために豊富な知識と技術が求められるバリスタ。勤務する店によって、収入が大きく異なるのが特徴。全体の平均だと年収300万円を切っているが、大手チェーン店のバリスタだと500万円を超えることも。しかし、平均月収は長く勤めても30万円に満たない。

保険外交員

★平均年収★
430万円

▶ 課されるノルマは厳しい

個人宅や企業に保険商品を契約してもらった報酬を保険会社から受け取る個人事業主の保険外交員。保険外交員の収入は、基本給と歩合制の融合なので営業成績次第では平均を大きく超える収入が手に入る。平均月収は20代で20万円、30代で31万円、40代で36万円となる。

バスガイド

★平均年収★
288万円

▶ フリーランスで稼ぐ人も

観光バスなどにおいて、快適な旅行を提供するべくバス内でのサポートに勤めるバスガイド。正社員の場合は30代で月収25万円、40代で30万円と勤続年数とともに昇給していく。しかし、アルバイトやフリーランスは日給制。ベテランバイトのバスガイドは、正社員よりも給与が高いことも。

図書館職員

★平均年収★
300万円

▶ 低収入で昇給もない場合も

本の整理や選定、収集などを行う仕事。国家資格である「司書」の免許を取得することは大前提。資格取得後は図書館ごとに定められた採用試験を突破する必要がある。平均給与は図書館や雇用形態によって差はあるものの15万円～26万円と低く、なかには20年間昇給がない場合も。

書店員

★平均年収★
360万円

▶ 本の幅広い知識が必要

書籍や雑誌を仕入れて販売する書店員。多岐にわたるジャンルを取り扱うため常に新刊の情報を頭に入れておくことが求められる。書店員として働く人はアルバイトが多いが、正社員として働くと月収は20～30万円にとどまる。給与幅も狭く、経験やスキルによる差は見られない。

COLUMN 6

夜の職業、ホストやホステスの年収は？

異性の客とお酒を飲み、もてなしをすることが仕事であるホストやホステス。話を聞くことや、周りを盛り上げるといったコミュニケーション能力が求められる仕事であり、個人の能力によって得られる給与は変わっていきます。

そんな夜の職業で得られる年収は300万円～630万円程。メディアに頻繁に顔が出て全国的に名の知れた人になると年収は億を超えてくることも珍しくありません。

夜の職業の給料の仕組みは、一般的な会社やアルバイトの時給などとは少し異なります。もちろん、時給制の場所もあり、設定金額も大きな店では2500～3000円と高めに設定されていることも多いです。

時給の他にも、売上に応じて給与が支給されるバックという歩合制の仕組みがあります。指名されることによって得られる指名バックや、ボトルやフードが注文された際につくボトルバックにフードバックなど様々な種類があります。1つのバックの金額はそこまで大きなものではありませんが、営業活動を頑張り指名や注文を増やせば、一カ月でかなりの量を稼ぐことも夢ではありません。

華やかな世界にも見えますが、勤務時間が夜から朝方にかけてということもあり、生活リズムは間違いなく崩れるでしょう。それでも、自分の頑張りがそのまま給料に反映されるのですから、やりがいが感じられる仕事だと言えます。

Occupation
and salary

第6章 アスリートの仕事

Job 01

プロ野球選手

活躍できなければ一般社会人と同じ年収に

プロ野球の選手になる方法として、よく知られているのはスカウトです。各球団のスカウトは、高校野球、大学野球、社会人野球、独立リーグなどの有望な選手をチェックしています。そこでスカウトの目に留まれば**ドラフト会議で指名され、契約が成立すれば、入団してプロ野球選手になれます。**

また、各球団が実施しているプロテストを受けるというルートもあります。身体能力や実技を見るテストですが、合格＝球団入りではありません。受かった上で球団からドラフト会議で指名されることで、プロ野球選手になれるのです。

この他、育成選手の枠として入団する選手もいます。育成選手には「契約金がない」「一軍の試合には出られない」など、通常のドラフト会議で入団する選手と比べて違いがありますが、ここから一軍で活躍するまで成長した選手もいます。

プロ野球選手の仕事は、試合をすることです。試合に勝って所属する球団が優勝することを目指します。勝利に貢献するため、練習や自主トレーニングをして、試合に出れる「ベンチ入り」の選手、続いてレギュラー選手を目指します。

選手の給与は年俸制です。**日本のプロ野球の平均年棒は４１７４万円で、１軍の選手になると７０００万円を超えます。**２０２１年の球団ごとの平均年棒は、最も高いのは福岡ソフトバンクホークスで６９３２万円、最も低いのがオリックス・バファローズで２６４０万円でした。

一方で、**一軍・二軍選手でも最低年俸保証は４４０万円、育成選手は２４０万円と年俸が低い選手も多くいます。**試合で活躍した選手は年俸額が上がり、活躍できなければ下がるという実力世界のため、平均年棒には大きな差があるのです。

⋆ 平均年収 ⋆

4174万円

⋆ 生涯賃金 ⋆

38億5500万円

⋆ 初任給 ⋆

22万円

⋆ DATA ⋆

- [ ] 資格
- [x] やりがい
- [ ] 安定性
- [ ] 残業
- [x] 休日
- [ ] ストレス

プロ野球選手

評価されている選手なら、「インセンティブ契約」という形でボーナスが支払われることも。人気のある選手ならCM出演などでも稼げる。

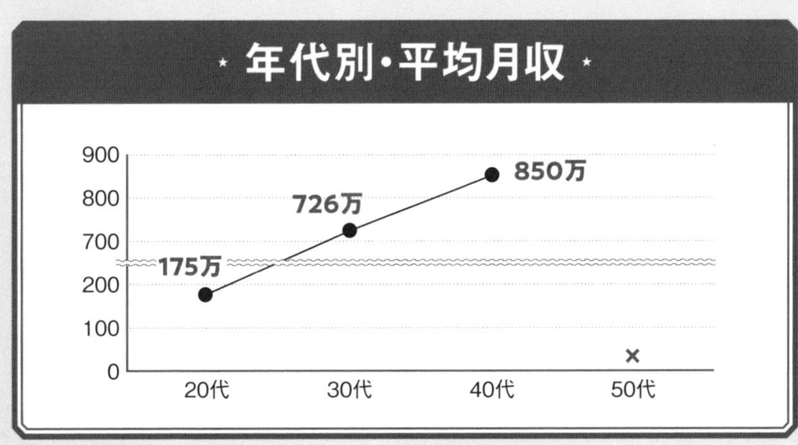

Job 02

プロサッカー選手

Jリーグの年棒は3つのランクに分けられている

日本でプロサッカー選手になるためには、Jリーグに加盟しているクラブに入団しなければいけません。Jリーグではプロ野球のようなドラフト会議は行われておらず、各チームがスカウトなどを通じて選手を獲得しています。**「プロになりたい」と思うなら、大会で活躍してスカウトの目に留まるようにしなければなりません。**

「トライアウト」「セレクション」と呼ばれる入団テストに合格することで、プロへの道を進み始める選手もいますが、Jリーグのクラブが入団テストを実施することはほとんどありません。ただし、Jリーグ入りを目指すクラブが入団テストを行うことはあります。その**クラブに所属して、Jリーグ昇格が達成できれば、プロ契約を結べる可能性が出てきます。**

プロサッカー選手の給与は年棒制です。Jリーグでは、**契約に関するルールが細かく決められていて、選手の能力や活躍度によってA〜Cの3つのランクに分けられています。**

A契約は1チーム25人までで年棒に上限がありません。そのため1億円以上を稼ぐ選手もいます。B契約とC契約は年棒の上限が480万円で、通常新人はC契約を結びます。公式戦において規定の出場時間をクリアすればA契約にランクアップすることができるのです。

なお、年俸は「基本給」と「出場・勝利給」を組み合わせたもので、その割合はクラブの規模や経営状況によって様々です。出場給は出場した場合に支給されるお金で、勝利給は勝った場合に支給されるお金です。ですから、怪我などで試合に出られなかった選手は、年俸の満額をもらえないのです。

★ 平均年収 ★

2000万円

★ 生涯賃金 ★

3億7700万円

★ 初任給 ★

37万円

★ DATA ★

- ☐ 資格
- ☑ やりがい
- ☐ 安定性
- ☐ 残業
- ☐ 休日
- ☐ ストレス

プロサッカー選手

3部制であるJリーグで一番下のJ3は、選手の大半がアマチュア契約。サッカーではフリーター程度しか稼げないので、バイトで生計を立てている。

★ 年代別・平均月収 ★

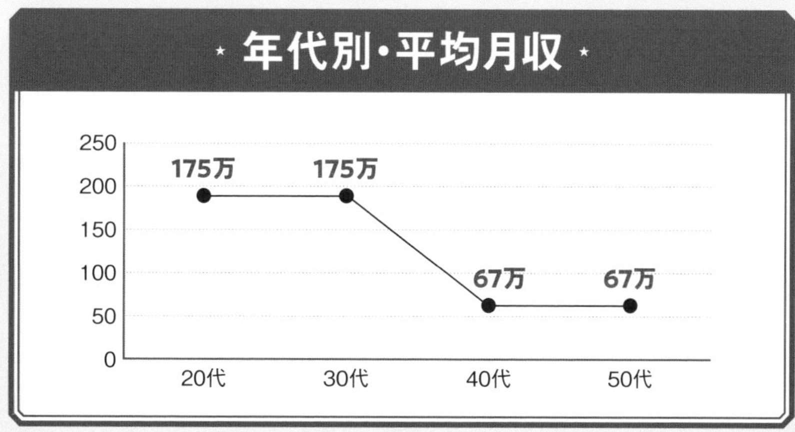

Job 03

力士

十両以上か幕下以下か。幕下は給与はもらえない

日本の国技である大相撲で活躍する力士になるためには、新弟子検査に合格しないといけません。

力士への道を進むきっかけとして、**相撲部屋の親方からスカウトされるケースや、自分からの入門志願というケースがありますが、どちらの場合でも新弟子検査を受けないといけません。**

新弟子検査には、中学卒業以上で、年齢は23歳未満という受験資格があります（アマチュア大会でよい成績を上げていた場合は、25歳未満まで受験可能）。検査では、体格検査と健康診断が行われます。体格は身長167センチ以上、体重67キログラム以上で合格です（中学卒業見込みの人は165センチ以上、65キログラム以上で合格）。

力士は相撲部屋に所属して、稽古をして、本場所で相撲をとり、地方や海外の巡業があればそれに参加したりします。

相撲には、横綱を頂点とし序の口を一番下とする番付があります。十両から横綱までの上の地位の力士が「関取」と呼ばれ、幕下から序の口までの下位の力士とは大きな違いがあります。

地位別の年収は、横綱が3600万円、大関は3000万円、関脇・小結が2160万円、前頭は1680万円、十両は1320万円です。

ところが、**幕下以下の力士は給与はありません。年6回の本場所ごとに手当が払われるだけで、序ノ口だと年に46万2千円しかもらえません。**しかし、力士は相撲部屋で暮らして、食費・家賃がかからないので生活していけるのです。

収入は十両と幕下では大きな差があり、十両へ昇格できるかが相撲人生の分かれ道になります。幕下に居続ける力士は早めに引退して転職する人も多いのです。

力士

横綱の給与は月収300万円で、年額では3600万円。一般の会社員と比べると高額だが、プロ野球選手などとくらべると安いという印象を受ける。

⋆ 平均年収 ⋆

2200万円

⋆ 生涯賃金 ⋆

2億6815万円

⋆ 初任給 ⋆

7万円

⋆ DATA ⋆

- ☐ 資格
- ☑ やりがい
- ☐ 安定性
- ☐ 残業
- ☐ 休日
- ☐ ストレス

⋆ 年代別・平均月収 ⋆

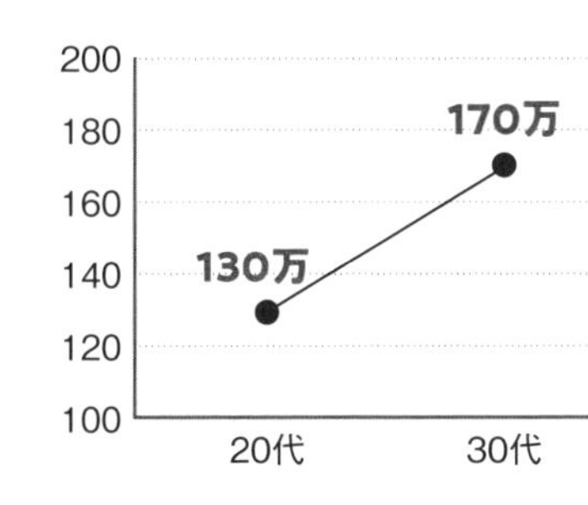

地位	月収	年収
横綱	300万円	3600万円
大関	250万円	3000万円
関脇・小結	180万円	2160万円
前頭	140万円	1680万円
十両	110万円	1320万円
幕下以下	0円	0円

Job 04

騎手

中央競馬と地方競馬で収入には格差がある

競馬の騎手になるためには、騎手免許が必要です。騎手免許を取るため、騎手志望者たちは競馬学校に入学します。入学するためには、1次試験と2次試験にクリアしないといけません。

約3年間かけて競馬学校を卒業して、JRA（日本中央競馬会）の騎手免許試験に合格するとプロの騎手です。厩舎に配属されて、その厩舎所属の騎手になります。

ここまでで紹介したのは中央競馬の騎手になる方法です。**日本には中央競馬と地方競馬があり、地方競馬の騎手になるには、NAR（地方競馬全国協会）の地方競馬教養センターで2年間学んで免許試験に合格する必要があります。**

騎手の重要な仕事はレースに出ることですが、それ以外にも競走馬の調教や厩舎作業など、様々な仕事があります。また、騎手自身も体重などを含めて自分を調整しなければなりません。

騎手の収入は、**厩舎所属と厩舎に所属しないフリーの2種類に分かれます。厩舎所属の場合、騎手には厩舎から毎月の給与が支払われます。フリーの場合、騎乗するともらえる騎乗手当、調教するともらえる調教手当、レースの賞金が収入です。**

JRA騎手の平均年収は1000万円で、トップクラスの騎手の年収は1億円を超えることも珍しくありません。活躍していない騎手でも年収500万円はもらえ、厩舎所属なら収入が安定しているので十分に生活していけます。

その一方で、**地方競馬は賞金相場がかなり低くなるため、年収が200万円以下の騎手が多いのが現状です。**トップクラスでも年収500万円であり、生活が苦しくなって廃業してしまう騎手も多くいます。

★ 平均年収 ★

1000万円

★ 生涯賃金 ★

4億円

★ 初任給 ★

800万円

★ DATA ★

- [x] 資格
- [x] やりがい
- [ ] 安定性
- [ ] 残業
- [ ] 休日
- [ ] ストレス

騎手

フリーの騎手になると固定収入がなくなる。実績のある騎手なら騎乗依頼がたくさん来て稼げるが、騎乗依頼が減って厩舎所属に戻る騎手もいる。

★ 年代別・平均月収 ★

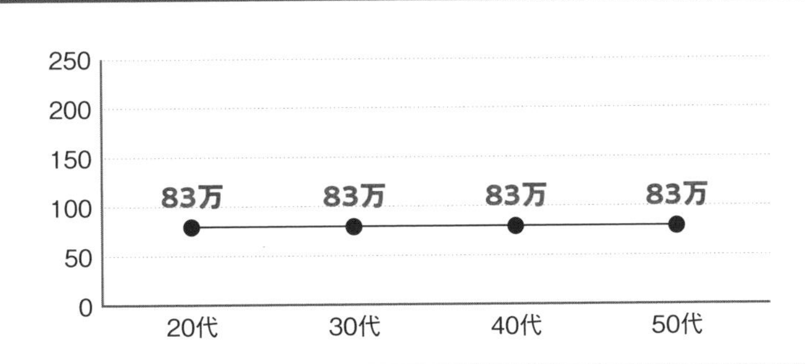

Job

05 プロボクサー

チャンピオンもアルバイトをしなければ稼げない!?

プロとして日本のボクシングのリングに上がって試合をするためには、日本のプロボクシングを統括する団体である日本ボクシングコミッション（JBC）のライセンスが必要です。**ライセンスはJBCのテストに合格すれば取得できます。**

ライセンスはC～A級とクラスが分かれていて、テストに合格した人は原則的にC級からスタートします。C級は4ラウンド制の試合に出られるライセンスで、ここで4勝するとB級に上がれます。アマチュアや他の格闘技で実績があると、B級からスタートすることもできます。B級は6ラウンド制の試合に出られます。ここで2勝すると、次はA級です。A級は8ラウンド以上の試合に出られます。

A級で実績を上げると日本ランキングに入り、日本チャンピオンに挑戦できますし、世界ランキングや世界チャンピオンも視野に入ってきます。

プロになって勝ち進んでいくためには、努力や才能などが必要となってきますが、残念ながらプロボクサーが得られるお金はそれに見合ったものとは言いがたいです。

ファイトマネーはC級で6万円、B級で10万円、A級で15万円～。さらにそこから所属ジムがマネージメント料として33％の額を持っていきます。ボクシングは減量もありますし、頭にダメージを与える競技なので、試合数は増やせません。**ファイトマネーでたくさん稼ぐのは難しいので、アルバイトをしたり、他に仕事を持つプロ選手も珍しくないのです。**

人気のある世界王者であればファイトマネーが100億円位上になることすらあるのですが、日本では厳しいのが現実です。

★ 平均年収 ★

210万円

★ 生涯賃金 ★

4200万円

★ 初任給 ★

6万円

★ DATA ★

- [x] 資格
- [x] やりがい
- [ ] 安定性
- [ ] 残業
- [ ] 休日
- [ ] ストレス

プロボクサー

世界王者でもアルバイトをすることも。WBC 世界バンタム級王者の長谷川穂積は時計店で、WBC 世界フライ級王者の内藤大助はレンタカー屋で働いた。

★ 年代別・平均月収 ★

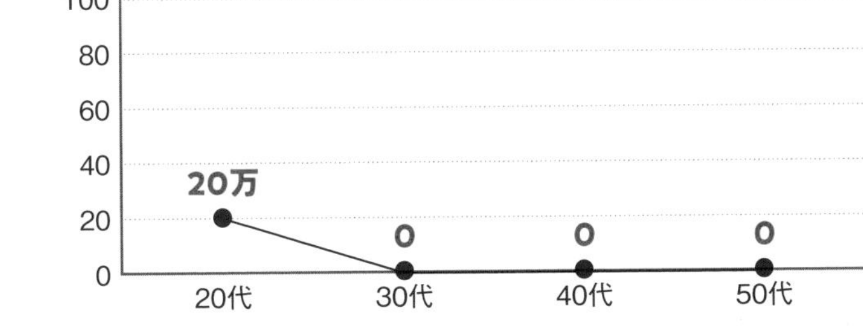

+αで知りたい! # あの職業と給料は? アスリート編

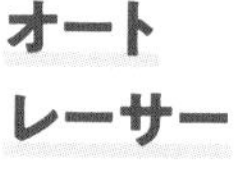

オートレーサー

★ 平均年収 ★

1164万円

▶ 現役期間は比較的長い

一周500メートルの走路をバイクで周回して順位を競う公営競技。全国で開催されるレースに出場し優勝・入賞賞金を得る。しかし選手にもランクがあり、ランクが高い選手が集うレースほど賞金は高く設定されている。そのため、億を稼ぐ選手もいるが全員が稼げるわけではない。

F1レーサー

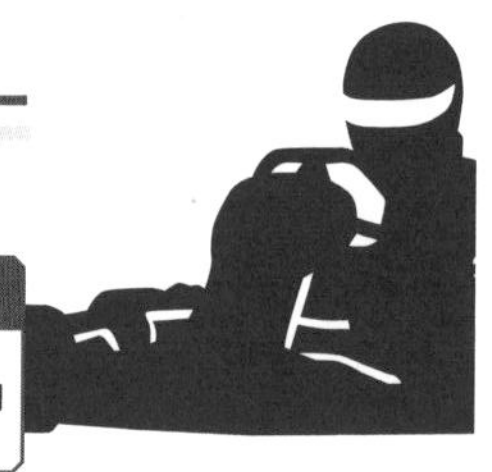

★ 平均年収 ★

3000万円

▶ 結果を残せないと厳しい

レースカーに乗り、優勝を目指して走るF1レーサー。レースでいい結果を残すことでスポンサーなどが付き、注目度もあがるため収入は参加するレースの結果によって大きく異なってくると言える。給与の平均年収は140万円程だが、日本人レーサーにも年収億越えの選手が存在している。

柔道選手

★ 平均年収 ★

721万円

▶ メダル獲得で億単位の報酬

柔道選手は学生、または企業の柔道部に所属して大会に出場する。企業に所属している場合は陸上同様に企業の看板選手になることが求められる。柔道選手の給与は40万円程度。しかし、日本代表候補になれば強化費が与えられたり、メダリストにはボーナスが支給されることもある。

陸上選手

★ 平均年収 ★

390万円

▶ 普段は普通の会社員

実業団に所属し、その企業で働きながら陸上を続ける選手が多い。この場合は、大会などで好成績を収めて企業の広告塔になることが求められる。月収も30万円程度と、普通の会社員とほとんど変わらないことが多いが、有名な選手になるとメディアへ露出も増え、収入が上がる可能性も。

プロ サーファー

★ 平均年収 ★
300万円

▶ 賞金は他競技に比べて少ない

サーフィンのプロライセンスを持ち、大会で賞金を稼ぐことが仕事。プロ資格がなければエントリーできない試合も多々ある。プロサーファーの年収は、スポンサー契約と大会での賞金から得られるが優勝賞金は100万円に満たないため、トップ選手でも年収は300万円程度と低めの水準。

バレーボール選手

★ 平均年収 ★
640万円

▶ プロ契約は日本に数名のみ

バレーボールの実業団チームに所属し、Vリーグなどの公式戦に出場することが仕事。企業に社員として所属している選手や、1年ごとの契約を結ぶ選手、プロ契約選手がいる。オリンピックに出場するような選手の場合年収は1000万円を超える。全体的に平均年収は高めである。

プロ ゴルファー

★ 平均年収 ★
650万円

▶ プロの形は2通りある

試合に出場し賞金を獲得するトーナメントプロと、指導を行うティーチングプロがいる。ティーチングプロの年収は340～670万円程。トーナメントプロは280万円～1億円。トーナメントプロは試合の成績によって、ティーチングプロは試合に出場する選手もいるため、年収の幅は広い。

ボート レーサー

★ 平均年収 ★
1600万円

▶ 低いランクでも年収480万

国土交通省管轄の競技であるボートレース。選手は成績順にランクが決められており、賞金もランクによって異なるが低いランクでも480～1500万円の賞金が得られる。しかし、約1600人の選手のうちA1レーサーは2割程度。年収3000万円～1億円を稼ぐ選手も数名しかいない。

COLUMN 7

災害復旧工事専門の土木作業員は高収入!?

土木作業とは、土を掘ったり運んだり、盛り固めたりする作業を行う仕事です。他にも、道路や河川などの公共事業や、ガスに水道、電機などのインフラ整備を行うこともあるため、専門的な資格や免許が求められることもあります。また、測量などの数学的な能力が必要とされる仕事でもあるのです。そんな土木作業員の給与は、平均約 28 万円。初任給は 20 万を切り、一般的には少ない方ですが、取る資格や免許によっては昇給も望めます。

また、土木作業の中には、「特殊土木」と呼ばれる仕事も存在します。**特殊土木とは、文字通り特殊な技術を要する土木作業のこと。災害などで流れた水や土砂、崩れた建物をすべて浚い、元通りにする災害復旧工事のことを指します。**難易度が高い工事のため、普通の土木工事を扱う会社に比べて、このような技術を扱うことができる会社はあまり存在していません。そのため、災害などが起こった時にはその数少ない会社に工事の依頼が殺到することもあり、費用は高額に設定されています。よって、作業員が得る給料も 40 万～ 100 万円と、普通の土木作業員と比べると高くなってくるのです。

また、国が継続して行っている「国土強靭(きょうじん)化計画」に直接関係する仕事でもある特殊土木は、国からの注文も多く入っていることや、定期的に災害が起こっている日本の現状を考えると、景気に関係なく仕事が入る業界なのです。

参考文献

『将来が見えてくる！　日本の給料＆職業図鑑 Special』
給料 BANK ×スタディサプリ進 路著（宝島社）

『日本人の給料大図鑑』
別冊宝島社編集部 編（宝島社）

『あの人の給与明細』
「あの人の給与明細書」研究会 著（アントレックス）

BOOK STAFF

編集　細谷健次朗、柏もも子、中原海渡、工藤羽華（株式会社 G.B.）
執筆協力　龍田昇

AD　山口喜秀（Q.design）
カバーデザイン　深澤祐樹（Q.design）
本文デザイン　深澤祐樹（Q.design）
DTP　ハタ・メディア工房株式会社

高田晃一（たかだ・こういち）

就活コンサルタント。1977年生まれ、東京都出身。東京理科大学大学院工学研究科電気工学専攻修士課程修了。大学院新卒の就職活動にて300社以上を訪問、SPIの模擬試験では約1万2000人中2位になるも連続188社に落ちる。熟慮を重ね、独自の方法を考案、実行したところ東証一部上場企業10社から内定を獲得。一般企業にて会社員生活を送った後、自身の経験を活かし、現在は就活コンサルタントとして、学生を対象に内定獲得のためのサポートをしている。これまで2万2000人超の内定獲得を支援。そのなかには、20社以上落ちた就活生1100人以上も含まれる。近年は講演やセミナーのほか、企業への新卒採用戦略のアドバイスも行っている。『ワールドビジネスサテライト』（テレビ東京系）や『NEWSな2人』（TBS系）などテレビや雑誌他メディアでも活躍中。http://takada188.com/

眠れなくなるほど面白い
図解　職業と給料の話

2021年12月10日　第1刷発行
2022年 6 月20日　第2刷発行

監修者　高田晃一
発行者　吉田芳史
印刷所　株式会社　光邦
製本所　株式会社　光邦
発行所　株式会社　日本文芸社
〒100-0003 東京都千代田区一ツ橋1-1-1 パレスサイドビル8F
TEL03-5224-6460（代表）

内容に関するお問い合わせは、小社ウェブサイト
お問合せフォームまでお願いいたします。
URL https://www.nihonbungeisha.co.jp/

Printed in Japan 112211122-112220609Ⓝ02 (300054)
ISBN978-4-537-21945-6
編集担当：坂

1章

シュートのセオリー

この章ではペイントエリアでのシュートやドライブからのシュートなど、 ディフェンスと対峙した状態からシュートへ行くためのセオリープレーを中心に紹介する。ポジションを問わずすべての選手が習得を目指そう。

1試合の得点期待値＝1を目標にしたシュートを選択する

限られた攻撃回数で効率よく得点する

3Pシュート成功率を33％、ペリメーターからのシュート成功率を40％とした場合、それぞれ10本ずつ打つと前者が9・9点、後者が8点になる。

つまり、3Pシュートを狙った方が効率よく得点できるという結論になる。これが得点期待値における考え方であり、NBAをはじめ日本の中高生の試合でも3Pシュートの割合が飛躍的に伸びた要因のひとつとされている。

そこで左図を見てほしい。得点期待値とは、簡単にいえば1回のシュートで何点取れるか。たとえば中高生の試合では1試合の攻撃回数が60～90回なので、得点期待値が1になると、1試合で60点以上は取れることになる。これが試合に勝つためのひとつの目安。左図の成功率は中高生が目指すべき数値である。

まずはチームとして優先すべきシュートセレクションを共有したい。最優先はドライブかローポストから、Aのゴール下でシュート。そしてファウルをもらいバスケットカウント・ワンスローを狙う。

次は、ドライブを仕掛けディフェンスを中に収縮させてからキックアウトして3Pシュート。最後はペリメーター。

ただし、これは左図にある成功率を維持することで成立するため、まずは数値を上回るように日々練習することが何よりも大切である。

得点期待値とは?

得点	×	成功率	=	得点期待値
(例) 2点		60%		1.2点

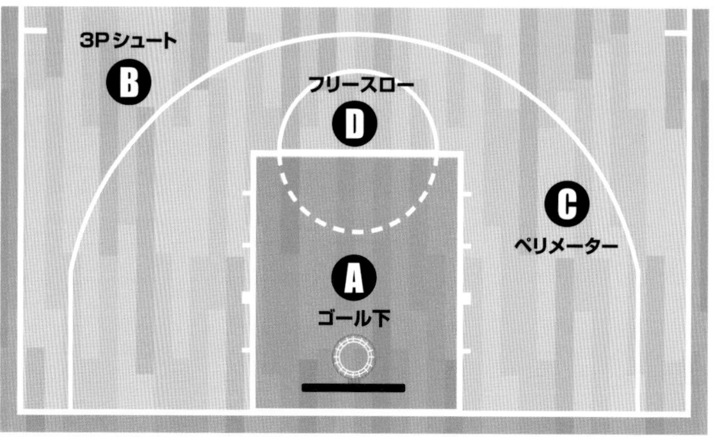

A 2点×60%=1.2
B 3点×33%=0.99
C 2点×40%=0.8
D 1点×70%=0.7(2本打てる)

得点期待値から考えるシュートの優先順位

優先順位1 ローポスト、またはドライブからゴール下でのシュート

優先順位2 3Pシュート

優先順位3 ペリメーターからのシュート

最も得点期待値が高いのが0.7×2本のフリースロー。つまりペイントエリアに仕掛けて多少強引でもシュートで終わることが大切になる。ただし、得点期待値から攻撃順を決める場合、各プレイヤーが上記の成功率を維持する必要があることを忘れないように。

ドライブ・カット・パスを使いペイントエリアに侵入する

得点期待値が高い3つの攻撃手段

得点期待値が高いペイントエリアへの侵入方法は主に3通り。

ひとつ目はアウトサイドからのドライブ。ドライブのコース取りには、ミドルライン側とベースライン側のふたつがある。

ミドルラインドライブは、ゴールに正面から入るため、ドライブコースが右・中央・左と複数あり、フリーになった味方にもパスを出しやすい。一方、ベースラインドライブはゴールまで最短で行けるが、片側がベースラインなのでディフェンスに正面に立たれると、手詰まりしやすい。そのためミドルラインからのドライブを試みて、ヘルプディフェンスがきたらフリーの味方へパスをする攻撃がセオリープレーとなる。

ふたつ目は、オフボールの選手によるカット。ボールマンとイメージを共有し、タイミングよくバックドアカットやスクリーンを利用してカットできればフリーでシュートにつなげることができる。

最後はローポストへのパス。高身長選手がポストアップすれば、容易にシュートができて再現性も極めて高い。

しかしローポストへのパスだけでは伸び代のある選手の成長を阻害しかねない。目の前の勝利はもちろん大切だが、相手の弱点を突くプレーばかりをくり返すのではなく、まずは正面から個人技術で局面を打開するスキルを身につけよう。

ドライブのコース取り

コース① ミドルラインドライブ

◉ ドライブコースが複数ある　◉ ヘルプがきてもパスを出しやすい

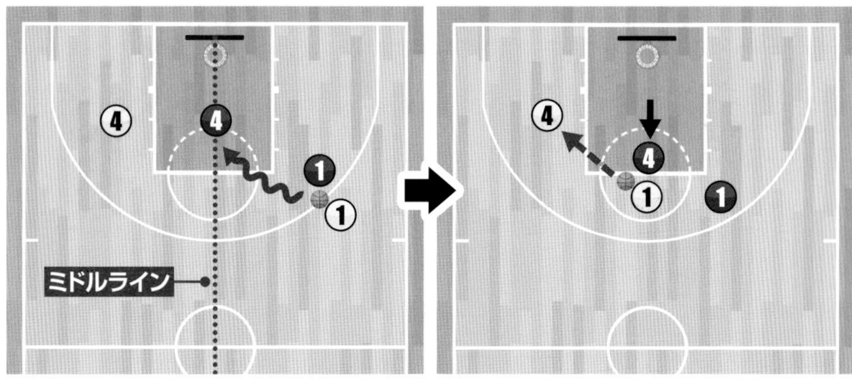

①はミドルライン側からドライブ。❹を抜いて自らシュートまで行ってもいいし、ヘルプによってフリーになった④にもパスを出せる。またディフェンス全体が収縮するので、外にキックアウトしてもよい。

コース② ベースラインドライブ

◉ ゴールに最短距離で行ける　◉ ヘルプがくると手詰まりになりやすい

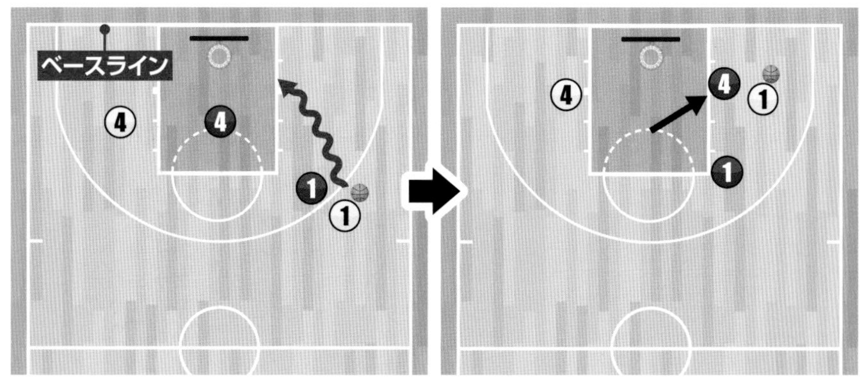

ディフェンスがいなければ、①はベースライン側からドライブするとレイアップシュートが最もしやすい。だが、❹がヘルプにきて進路をふさがれると、抜くことも難しくパスコースも限定されてしまう。

シュート練習に近道はないが遠回りをする必要もない

シュート練習は量より質を重視

試合になるとシュートが入らないという経験は誰にでもある。メンタルなどの原因もあるが、何よりディフェンスの存在が大きい。練習と違い、試合中は激しいプレッシャーを受けるため、自分のペースで打てることがない。だからこそシュート練習はただ回数をこなすのではなく、段階を踏むことが大切になる。

最初に取り組む練習はフォームの確立。フリーならほぼ決められる形をつくりたい。最初にして最大の難関だが、フォームに絶対の正解はないので試行錯誤しながら探求するほかない。

入らないフォームで打ち続けると悪いクセがつく。人のクセを修正するには身につけた時間の倍かかるといわれている。入るまでくり返すのではなく、入るフォームをくり返す。シュート練習とは、10本入れるまで打つのではなく、10本連続で入れることなのだ。しかし多くの選手はこのステップをクリアしないまま、次へ進んでいる。

次のステップはディフェンスをつけた練習。目的は相手がいてもフォームを崩さないこと。タイミングやステップを工夫して、かわしながらシュートを打つ技術を身につける。

最後は打つシュートを事前に決めない練習。ここでは相手の動きによってシュートの選択を変える。より試合に近い状況をつくり、シュート技術とともにシュートセレクションを養う。

試合で入るシュートを身につけるスリーステップ

STEP① フリーならほぼ確実に入るフォームを習得

間違ったフォームで数を重ねても悪いフォームが身につくだけ。入るまでくり返し練習するのではなく、入るフォームをくり返し練習することが大切だ。

STEP② ディフェンスをつけたシュート練習

プレッシャーを受けても身につけたフォームを崩さずに打てるようになりたい。そのうえで、タイミングやコース、軌道などを微調整して相手をかわしながら打つという技術を身につける。

STEP③ 打つシュートを決めないシュート練習

あらかじめ打つシュートを決めずに、ディフェンスの反応次第で臨機応変に対応する。シュート技術だけでなく、シュートセレクションの質を高めることができる。

次のプレーは何を選択する？

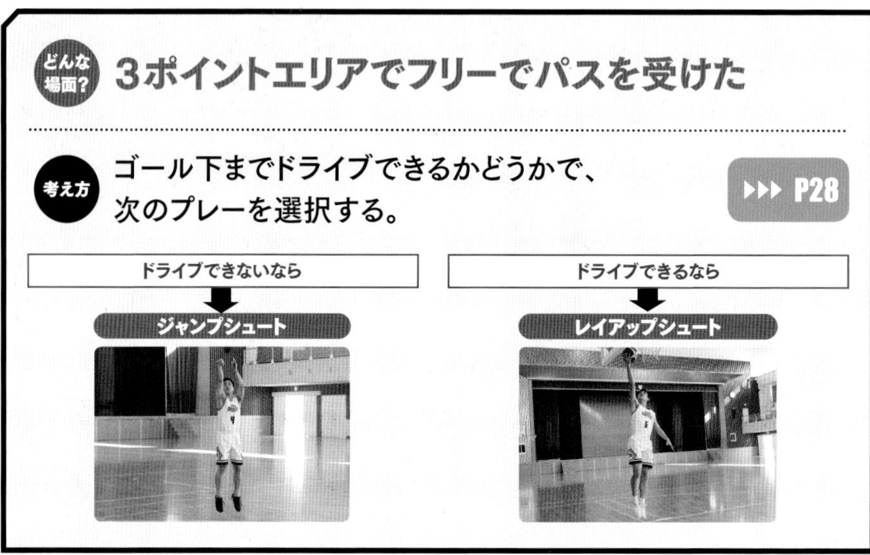

どんな場面？ **3ポイントエリアでフリーでパスを受けた**

考え方 ゴール下までドライブできるかどうかで、次のプレーを選択する。

▶▶▶ P28

ドライブできないなら → **ジャンプシュート**

ドライブできるなら → **レイアップシュート**

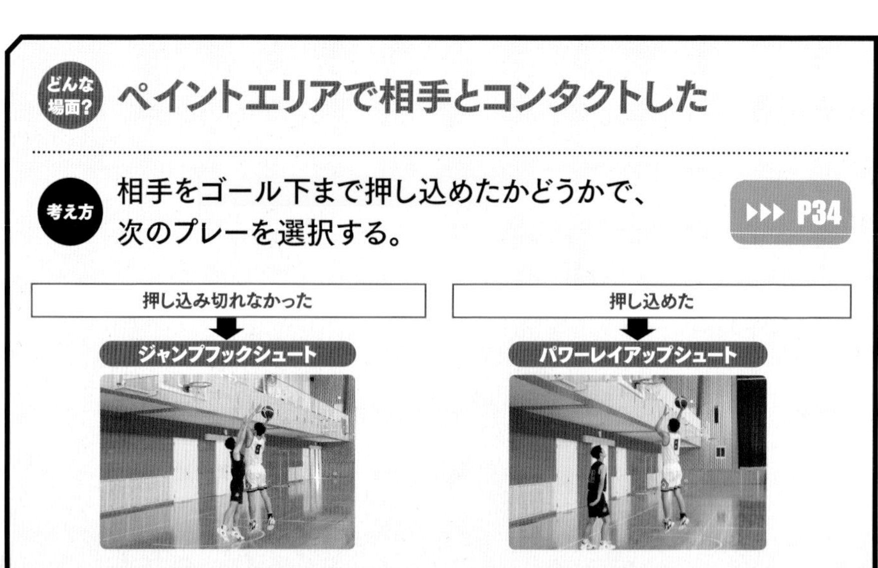

どんな場面？ **ペイントエリアで相手とコンタクトした**

考え方 相手をゴール下まで押し込めたかどうかで、次のプレーを選択する。

▶▶▶ P34

押し込み切れなかった → **ジャンプフックシュート**

押し込めた → **パワーレイアップシュート**

毎回フリーでシュートできればよいが、競技レベルが上がるにつれ難しくなる。目の前のディフェンスをかわしてシュートを決める手段を身につけたい。

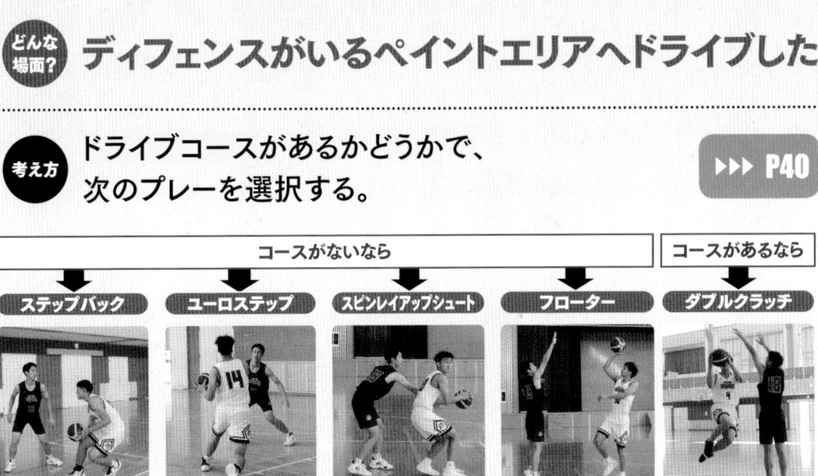

どんな場面？

ディフェンスがいるペイントエリアへドライブした

考え方

ドライブコースがあるかどうかで、次のプレーを選択する。

▶▶▶ P40

- コースがないなら
  - ステップバック
  - ユーロステップ
  - スピンレイアップシュート
  - フローター
- コースがあるなら
  - ダブルクラッチ

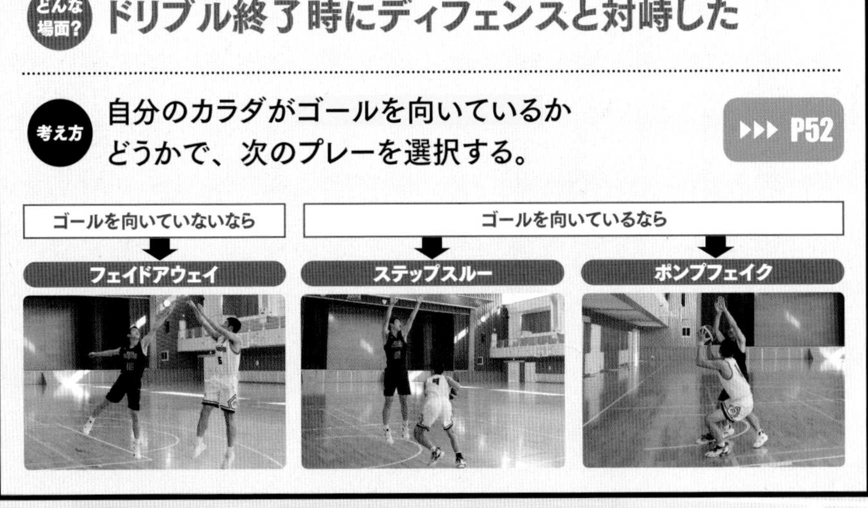

どんな場面？

ドリブル終了時にディフェンスと対峙した

考え方

自分のカラダがゴールを向いているかどうかで、次のプレーを選択する。

▶▶▶ P52

- ゴールを向いていないなら
  - フェイドアウェイ
- ゴールを向いているなら
  - ステップスルー
  - ポンプフェイク

自分の状態・自分のマーク相手の状態・ほかのディフェンスの状態など、パスを受ける前にコート状況を把握しておき、自分よりもゴールに近い場所でフリーの味方がいないようなら、迷わずシュートを狙おう。

シュートへの仕掛け ▶ フリーでパスを受ける

フリーでパスを受けたら迷わずにシュートを狙う

どんな場面？

シュートを狙える距離でディフェンスを振り切ることができ、フリーでパスを受けた。

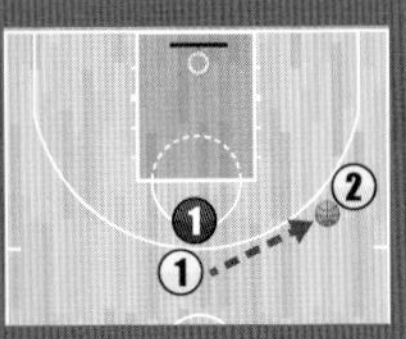

考え方

パスを受ける前にゴールまでの**ドライブコースが空いている**かを把握し、それを元に次のプレーを選択する。

ゴール下まで
ドライブできない

ジャンプシュート

得意な距離なら
自信を持って打つべき

フリーでパスを受けた場所が自分の得意な距離ならジャンプシュート。

▶▶▶ P32

ゴール下まで
ドライブできる

レイアップシュート

最優先で狙うべきは
ゴール下からのシュート

成功率が最も高いゴール下からのシュートはチャンスがあれば最優先で狙う。

▶▶▶ P30

レイアップシュート

こんな場面

フリーでゴール下までドライブできる

右ウイングでフリーの状態でパスを受けることができた。ドライブコース上にもディフェンスはいない。

迷わずにゴールまで最短距離で進もう

最も得点期待値の高いのはゴール下からのシュートであり、フリーであれば期待値はさらに高まる。そのためパスを受けた時点でゴールまでのドライブコースがあり、そのコース上にディフェンスがいなければ、迷わずにドライブをするのがセオリーとなる。

もし、ペイントエリア内でヘルプディフェンスがきた場合は、元々ついていた味方がフリーになる可能性が高いので、シュートとパスというふたつの選択肢を持って臨機応変に対応しよう。

セオリー選択のポイント

ゴール下までプレッシャーを受けることなくドライブできるときは、最優先で狙う。

すかさずドライブをして レイアップシュート

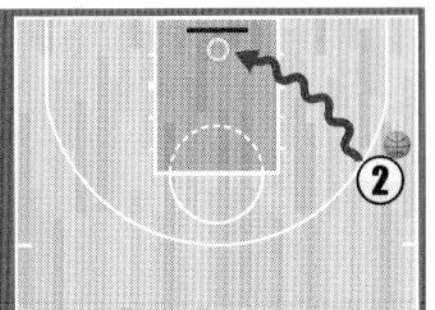

ゴール下からのシュートは最も成功率が高い。ドライブからフリーでレイアップシュートを狙えるのであれば、迷わずにトライしよう。

フリーでパスを受けたのでドライブを開始

ペイントエリアのライン付近で1歩目のステップ

2歩目をしっかりと踏み込み上に向かって跳躍

ボールを置いてくる意識で優しくリリース

勝負の核心

2歩目のステップで 前ではなく上に跳ぶ

ドライブの勢いのまま前に跳んでシュートをしてしまうと打点が下がってしまう。2歩目でしっかり踏み込み上に跳ぶことを意識しよう。

1-2

シュートへの仕掛け

フリーでパスを受ける B

ジャンプシュート

こんな場面

自分のシュートレンジでフリーでパスを受けた

普段から練習している得意なシュートレンジでパスを受けた。今ならディフェンスのチェックを受ける前にシュートが狙える。

プレーの選択に自信があれば迷わず打つ

バスケットボールでは、フリーでシュートが打てる状況はそう多く訪れない。そのため、基本的にはフリーでパスを受けたらシュートという選択は間違いではない。ドライブに対してヘルプディフェンスがきてゴール下まで行けないのなら、なおさらその場でフリーで打つのはよい選択だ。そのシュートが結果として外れてもいい。躊躇したり、シュートを恐れてパスをして攻撃のテンポを狂わせたりと、プレーの選択を間違うことの方がチームとしては痛手になる。

セオリー選択のポイント

フリーのシュートは得点期待値が上昇する。このときの選択肢はシュートがセオリーだ。

迷わず自信を持ってジャンプシュート

ヘルプがいてゴール下までドライブできなければ、その場でシュートを選択しよう。シュートを外すことは誰にでもある。大切なことは、シュートという選択を間違わないことだ。

得意な位置でフリーでパスを受けた

ヒザを曲げて下半身でシュートの力をたくわえる

曲げたヒザを伸ばしながら力を腕へと伝えていく

腕をまっすぐ伸ばして最後に手首を返してリリース

成功への準備

パスを受けたら トリプルスレットポジション

パスを受けたら、シュート・ドリブル・パスのどの動作にもすばやく移行できる姿勢をつくることが大切。この姿勢をトリプルスレットポジションとよぶ（詳細はP82）。

シュートへの仕掛け ▶ ペイントエリアでコンタクト

相手をゴール下に押し込み狙うべき2つのシュート

ゴールに近づいてからシュートするためには、半身姿勢で相手とコンタクトしながらドリブルすることがセオリーとなる。ここではゴール下まで押し込めたかどうかで、次のプレーを選択する。

半身の姿勢でドリブルをしながらディフェンスとコンタクトしており、少しずつゴール下に押し込んでいる。

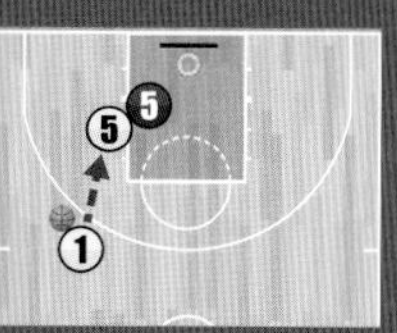

考え方

ゴール下まで押し込めたかどうかで、次のプレーを選択する

ゴール下まで押し込めなかった

ジャンプフックシュート

**半身の姿勢のまま
シュートを狙う**

押し込み切れなかったら、半身姿勢のままフックシュート。

▶▶▶ P38

ゴール下まで押し込めた

パワーレイアップシュート

**押し込んで
レイアップシュート**

ゴール下までパワーで押し込めたら、そのままレイアップシュート。

▶▶▶ P36

パワーレイアップシュート

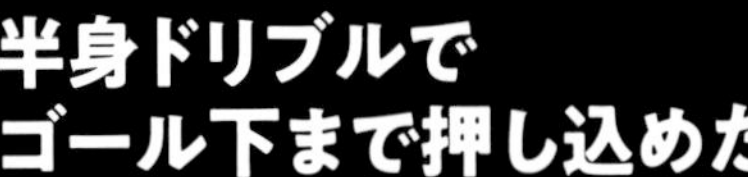

半身ドリブルでゴール下まで押し込めた

ディフェンスは腰を落としてゴール下への侵入を防ごうとするが、こちらのパワーに圧倒され、ゴール下まで押し込めた。

パワーに自信があれば勝負を仕掛ける

よりゴールに近づいてからシュートを打とうとするのが攻撃のセオリー。そのためインサイドにおいて、相手を押し込めるパワーは大きな武器になる。

スティールを回避するため、ボールとディフェンスの間に自分のカラダを入れ、半身のまま肩をぶつけながらゴール下へと相手を押し込む。そしてゴール下で確実にシュート。

圧倒的にパワーで優っている場合、このプレーの再現性は極めて高く、1試合を通して優位に進めることができる。

セオリー選択のポイント

パワー勝負を仕掛けた。相手の姿勢が崩れてゴール下まで押し込めたら狙おう。

そのまま押し込み パワーレイアップシュート

相手が後退したり、腰が浮いたりして姿勢が崩れたら、こちらの勝ち。そのままパワーで押し切り、最も成功率の高いゴール下からのシュートを狙う。

左のローポストでパスを受けた

左肩を相手にぶつけながら半身ドリブル

相手の腰が浮いたのでそのまま大きくステップ

ゴールに正対して確実にシュートを決める

勝負の核心

バランスを保つために 必ず両足でジャンプする

相手とコンタクトしながらシュートを打つ場合は、バランスを崩さないために必ず両足同時にジャンプをしてカラダの軸をまっすぐ保てるようにしよう。

1-4

シュートへの仕掛け
▼
ペイントエリアでコンタクトB

ジャンプフックシュート

こんな場面

相手にパワーがあり ゴール下まで 押し込めない

パワー勝負を仕掛けたが、相手も低い姿勢を維持しており、ゴール下まで押し込み切れなかった。

ゴール下のシュートはパワーだけではない

ゴール下においては、大きな身長や相手を押し込むパワーはとても有利に働くが、誰にでも備わっているわけではない。そこで足りない身長やパワーをテクニックによって補う必要がある。

ジャンプフックシュートはその典型だ。相手に対して半身の姿勢をとることで、自分のカラダの横幅を使うことができるので、大きな相手にもショットブロックされづらい。ゴール下まで押し込めなかったときや、ゴールを向いてシュートできないときに使おう。

セオリー選択のポイント

相手にパワーがあり、思うようにゴール下まで相手を押し込めなかったときなどに有効。

セオリープレー

半身の姿勢のままフックシュート

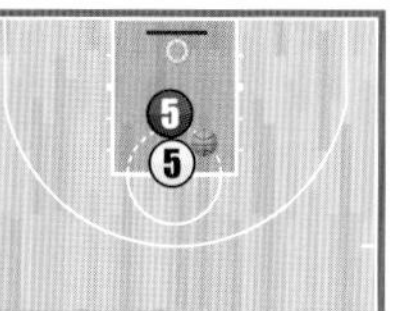

相手を押し切りゴールに正対してシュートが打てないようなときは、半身の姿勢でボールを相手から遠ざけたままフックシュートを狙う。

左ローポストでパスを受けパワー勝負を仕掛ける

相手も低い姿勢を保ちゴール下に押し込み切れない

半身の姿勢のままボールをつかみフックシュートを狙う

相手から遠い方の手でブロックをかわしてシュート

勝負の核心

逆の腕でディフェンスを押さえながらシュート

ディフェンスのショットブロックを回避するためにも、相手に近い方の腕でディフェンスを押さえるようにしながらシュートを打とう。

シュートへの仕掛け ▶ペイントエリアへドライブ

ドライブコースの有無で柔軟に対応する

ドリブルでペイントエリアへ侵入し、ゴールへアタックするドライブは、バスケットボールの醍醐味のひとつ。ここには多くのセオリーがあるので、ディフェンスの動き次第で柔軟に選択できるようになろう。

ディフェンスがいるペイントエリア内へ
ドライブした。

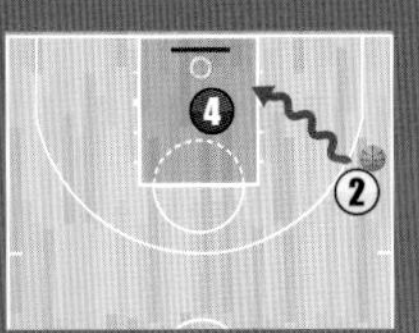

**ドライブコースがあるかどうかで、
次のプレーを選択する。**

コースがない

**シュート軌道や空間、
またはドライブコースを変える**

ユーロステップ

**ジグザグステップで
コースを変える**

ドライブからステップをジグザグに踏むことでディフェンスをかわす。

▶▶▶ P48

フローター

**ボールを高く上げて
軌道を変える**

ボールの軌道を高く上げたシュートで相手のブロックをかわす。

▶▶▶ P44

ステップバック

**後ろにステップして
空間をつくる**

2歩目のステップで後ろに跳び、相手から離れてシュートの空間をつくる。

▶▶▶ P50

スピンレイアップシュート

**スピンをすることで
コースを変える**

ディフェンスの前でスピンをして、瞬時にドライブコースを変える。

▶▶▶ P46

コースがある

**そのまま進みシュートの
タイミングを変える**

ダブルクラッチ

**シュートフェイクで
タイミングを変える**

普通のレイアップシュートと見せかけ、フェイクでタイミングを変える。

▶▶▶ P42

ダブルクラッチ

こんな場面

ディフェンスはいるがドライブコースがある

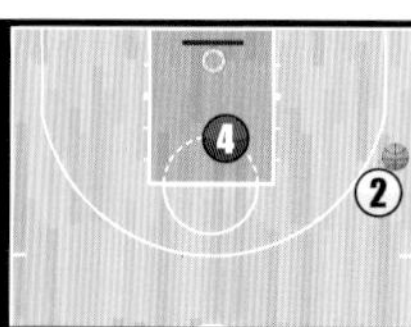

ペイントエリア内にディフェンスはいるが、ウイングから仕掛けたのでゴールに対して斜めに侵入でき、ドライブコースを確保できた。

最高到達地点でなく落下過程で打つ

ディフェンスのすき間をかいくぐりシュートするには、最高到達地点を過ぎてから打つダブルクラッチが有効だ。

通常のレイアップシュートと同じステップで跳び、最高到達地点でボールを離さないことで（ポンプフェイクのようにボールを意識的に上げる必要はない）タイミングがずれてフェイク効果がある。

また難易度は上がるが、最初にボールを上げた手と逆の手で打ったり、ゴールを通り抜けてから打つと、さらにタイミングを外すことができる。

セオリー選択のポイント

ディフェンスはいるが、ゴールに斜めから入ることができるコースがあるときはチャンス。

セオリープレー

ダブルクラッチでシュートのタイミングを変える

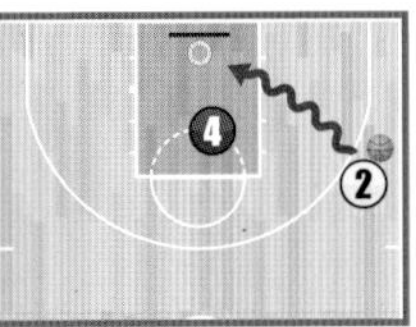

ドライブからレイアップシュートをするコースはあるので、ダブルクラッチでシュートのタイミングを変えれば、相手のブロックをかわして得点を狙える。

通常のレイアップシュートと同じようにステップ

2歩目のステップで大きく上に向かって跳躍

最高到達地点でボールを離さない

カラダが落下する過程でシュートをする

勝負の核心

ディフェンスにカラダを当ててから打つ

空中で相手にカラダを当てることができれば、バスケットカウントになる可能性もあるので、難易度は上がるが挑戦してみよう。

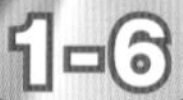

フローター

こんな場面

ディフェンスに対して正面からドライブしてコースがない

勢いよくドライブしたものの、ペイントエリア内のディフェンスに正面に立たれてしまい、コースがふさがれている。

山なりの軌道でブロックをかわす

自分のディフェンスを振り切りドライブしたが、ヘルプディフェンスにドライブコース上に立たれたようなときに有効なのがフローターだ。とくに相手が大きく、ドライブコースを変えてもブロックショットされそうなときのセオリープレーになる。

ポイントはドライブの勢いを2歩目のステップで受け止め真上に跳ぶこと。前に跳び相手に当たるとチャージングになる可能性もある。ボールの軌道は、リングに落とすイメージで山なりにする。

セオリー選択のポイント

ペイントエリアにいるディフェンスに対して正面から入り、コースがないときに有効。

セオリープレー

ボールの軌道を上げて ブロックをかわす

正面に立たれたときは、シュート軌道かドライブコースを変える必要がある。相手が長身なら、ブロックを確実に回避するため、シュート軌道を山なりにしたフローターがセオリー。

1 ドライブを仕掛けはじめた

2 ディフェンスの前で2歩目のステップ

3 真上に跳躍してボールをリリース

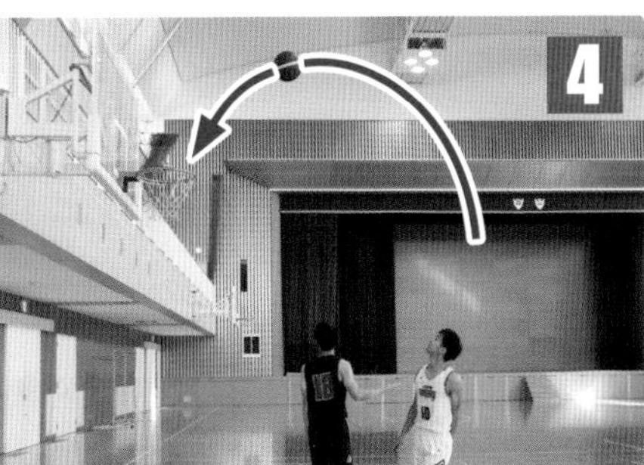

4 ボールの軌道を高く上げてシュートブロックをかわす

勝負の核心

斜めからのフローターは バックボードに当てる

正面からのフローターではバックボードを使うのが難しく、直接リングに落とすようなイメージで狙うが、斜めからの場合はボードに当てて入れることもできる。

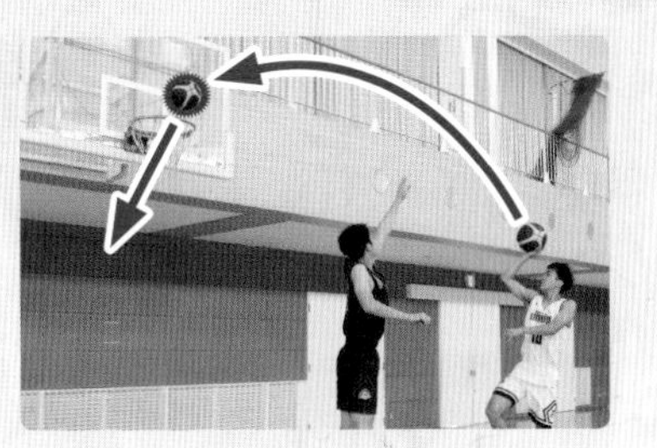

1-7

シュートへの仕掛け
▼
ペイントエリアへドライブ Ⓒ

スピンレイアップシュート

セオリー選択のポイント

正面にいるディフェンスがドライブを読み、利き手側のコース上へ少し動いたときに狙う。

こんな場面

正面にいるディフェンスがドライブコースをふさいできた

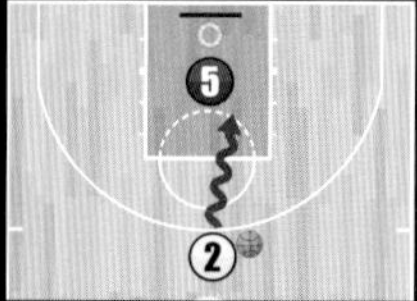

右利きなのでディフェンスの右側を抜いてレイアップシュートに行きたいが、ディフェンスに読まれてコースをふさがれてしまった。

すばやく回って逆方向へ進路変更

右利きの選手であれば、一般的にディフェンスの右側（利き手側）からのドライブがしやすいが、それはディフェンスも当然読んでくる。コース上に入りオフェンスファウルをもらおうとしたり、手を出しスティールを狙ってくることだろう。

そこで有効になるのが、スピンレイアップシュートだ。コースへ入ってきた瞬間に、スピンをして逆方向へ舵を切るのだ。ディフェンスがドライブを読み自分の利き手側へ動くほど効果的に決まる。

セオリープレー

スピンを使って ドライブコースを変えてシュート

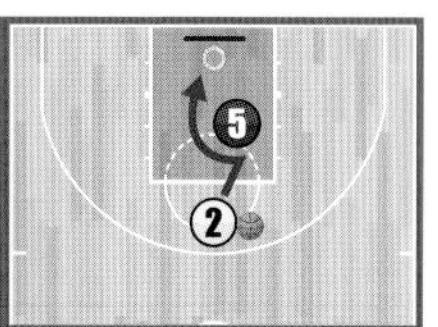

ディフェンスが利き手側からのドライブを読んでコース上に動いたり、スティールを狙ってきたら、すばやくターンをして逆方向へ舵を切る。

トップの位置から右利きの選手がドライブをはじめた

スティールを狙ってきたのですばやくスピン

回ったあとはスピードを落とさず大きくふみ出す

そのままの流れでレイアップシュート

勝負の核心

スピン直前のドリブルは強く!

スピン直前のドリブルを強くつき、ボールが上がり切る前にすばやく押さえて回ることで、ドリブルに緩急がつきディフェンスを抜きやすくなる。

1-8

シュートへの仕掛け

ペイントエリアへドライブ D

ユーロステップ

こんな場面

ドライブコースはないが背後にスペースがある

ディフェンスがドライブコース上にいるが、そこをかわすことができればシュートができる。

ステップの向きを変えて相手をかわす

ドライブコース上にディフェンスがいるときは、コースを変えるのがセオリー。なかでもユーロステップは、ステップの方向をジグザグにすることで相手をかわせるので、必ず身につけておきたい技術である。

ポイントはステップ幅を大きく保ち、1歩目と2歩目でステップの方向を変えること。また、ステップでカラダが流れないようにすること。これには相応の脚力と体幹が必要なので日頃からトレーニングしておこう。

セオリー選択のポイント

コース上のディフェンスの背後にスペースがあり、かわせばシュートが狙えるときに有効。

ジグザグにステップをしてコースを変える

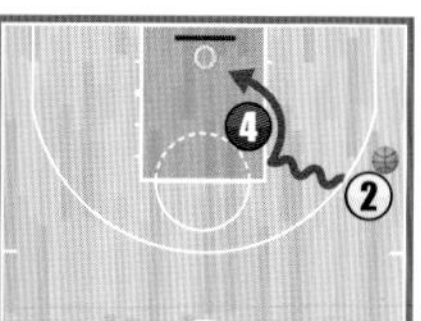

ドリブルからジグザグにステップすることで、ドライブコースを変えディフェンスをかわしてシュートまでつなげる。

ウイングの位置からドライブを開始

左方向に大きく1歩目のステップを踏む

ボールを大きく動かし2歩目を右に踏む

ジグザグステップでディフェンスをかわしてシュート

勝負の核心

1歩目のステップで自分の重心も動かす

ユーロステップは1歩目のステップが重要。単にステップを踏むだけでは相手は動じない。1歩目で自分の重心を移動させることで、相手も釣られて動く。

1-9

シュートへの仕掛け

ペイントエリアへドライブ E

ステップバック

こんな場面

抜かれることを警戒して一定の距離を保たれている

ドライブからペイントエリア内に侵入したが、ディフェンスはスティールを狙うよりも抜かれることを警戒している。

自分から離れて間合いをつくる

ゴールに近づくほどシュート成功率は上がるが、ディフェンスは当然ゴール下への侵入を防ごうと必死に守る。

そこで有効なのがステップバックだ。2歩目のステップで相手から離れるように後ろに下がることでシュートの間合いをつくることができる。

何度もドライブを仕掛けて、相手が抜かれることを警戒し後退しているときにも効果的な仕掛けになる。また、近距離だけでなく、3Pエリアでもおこなえるようになれば、大きな武器になる。

セオリー選択のポイント

ドライブに対して相手が抜かれることを警戒して、一定の距離を保っているときに狙う。

セオリープレー

後ろにステップをして シュートの空間をつくる

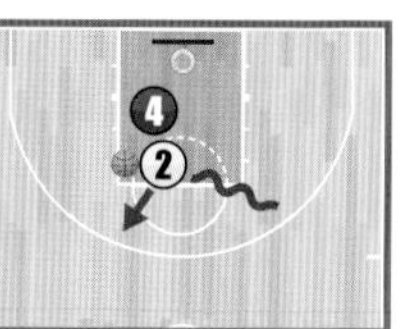

ディフェンスとの間に距離があるので、さらに1歩後退してシュートが確実に打てる空間をつくり出し、すばやくシュートを狙う。

ウイングの位置からドライブを開始

1歩目のステップを強く踏み込んで止まる

後ろにステップしてディフェンスとの距離を広げる

シュートの空間ができたらジャンプシュート

勝負の核心

1歩目のステップでカラダを受け止める

ドライブをしている勢いを1歩目のステップでしっかり受け止めることが大切だ。ここでカラダが前に流れると2歩目のステップを後ろに踏むことが難しくなる。

ドリブル終了後に、ゴール下やペリメーターでディフェンスと対峙した場合の選択肢は、シュートかパスになる。ここではシュートを狙う場合のセオリーを3つ紹介する。ポイントはゴールに対するカラダの向きだ。

シュートへの仕掛け ▶ ドリブル後にディフェンスと対峙

ドリブル後のカラダの向きで シュートの選択肢は決まる

どんな場面？

ゴール下やペリメーターでドリブル後にディフェンスと対峙した。

考え方

自分のカラダがゴールを向いているかどうかで、次のプレーを選択する。

ゴールに背を向けている

カラダがゴールを向いている

フェイドアウェイ

斜め後ろに跳び空間をつくる

すばやくターンをしてから斜め後ろに跳んでシュートの空間をつくる。

▸▸▸ P58

ステップスルー

ピボットを踏んで空間をつくる

ポンプフェイクからピボットを踏んでシュートの空間をつくる。

▸▸▸ P56

ポンプフェイク

フェイクを入れてタイミングを変える

ポンプフェイクをして相手を先に跳ばせてからシュートを打つ。

▸▸▸ P54

こんな場面

ドリブル後にゴールを向いてディフェンスと対峙した

ドライブでペイントエリアに侵入し、ボールを保持してディフェンスと向き合ってしまった。このままではシュートチャンスがない。

ポンプフェイク

相手を先に跳ばせてブロックを回避

ドリブル終了時にディフェンスと対峙した場合、選択肢はシュートかパス。ここでシュートを選択すると、ショットブロックを回避するためフェイクを入れる必要があり、ポンプフェイクがセオリーとなる。動作はボールを上げてシュートと見せかけるだけの単純なものだが、タイミングが重要だ。ポイントはドライブが終わり2歩目のステップを踏むと同時にボールを上げること。ここで間が空くと、相手を引っ掛けるのが難しくなるので気をつけよう。

セオリー選択のポイント

ペイントエリア付近などで、ドリブル終了後にディフェンスと対峙したときがチャンス。

セオリープレー

ポンプフェイクでシュートのタイミングをずらす

ドリブル後なので選択肢はシュートかパス。ここでシュートを狙うには、ポンプフェイクを入れて相手を先に跳ばせるのがセオリープレーとなる。

ドライブを仕掛けたがディフェンスもついてきた

ドリブル終了後ペイントエリア付近で1歩目のステップ

2歩目のステップでヒザを曲げたままボールを上げる

相手を先に跳ばせタイミングをずらしシュートを狙う

勝負の核心

ゴールに目線を送り打つと思わせる

ポンプフェイクではボールを上げるだけではなく、目線もゴールに向けることで、相手にシュートを打つと思わせることができる。

1-11

シュートへの仕掛け
▼
ドリブル後にディフェンスと対峙 B

ステップスルー

こんな場面

ドリブル後のポンプフェイクで相手が跳んだ

ペイントエリア付近で、ドリブル終了後にポンプフェイクをして相手を先に跳ばせた。

ポンプフェイクからのコンボで相手を抜く

前ページのポンプフェイクと合わせて使うと効果的なのがステップスルーだ。ポンプフェイクからボールを下ろし切る前にピボットを踏み、もう1歩前に踏み出す。ピボットで相手の背後を取ると、フリーでシュートが打てる。跳んだ相手のカラダが流れている方に足を踏み出すとカラダが衝突してシュートが打ちづらいので注意しよう。

もし相手がピボットについてきたら、ピボットから半身の姿勢のままフックシュートに切り替えるとよいだろう。

セオリー選択のポイント

ポンプフェイクで跳んだ相手の背後にシュートを打つスペースがあるときなどに狙おう。

セオリープレー

ピボットを使ってディフェンスをかわしてシュート

ポンプフェイク後にジャンプシュートでもよいが、相手の背後にスペースがあればピボットを踏み、さらにゴール下へ近づき、より確実なシュートを狙いたい。

ドリブルが終わりポンプフェイクで相手を先に跳ばす

ボールを下ろし切らずにすばやくピボットへ移行

左足を大きく背後のスペースに踏み出す

ゴール下まで近づき確実にシュートを決める

勝負の核心

ピボットでは軸足位置を動かさない

ポンプフェイクからピボットへ移行するときに軸足が動いてしまうとトラベリングになるので、位置が動かないように注意しよう。

フェイドアウェイ

こんな場面

ゴールを背にして ディフェンスを背負っている

ペイントエリアやペリメーターなどシュートを狙える距離で、ドリブル終了後にディフェンスを背負っている。

難易度は高いが局面を打開できる

ゴールに背を向けディフェンスと対峙した劣勢状況でも有効なのがフェイドアウェイ。ただし、難易度が高いため、パスをした方が得点期待値の高いシュートが狙える場合は、パスという選択がセオリーとなる。

フェイドアウェイを狙う場合は、すばやくターンをしてカラダの軸を保ったまま斜め後方に跳ぶ。この動作には脚力と体幹の力が求められる。成功すればブロックショットを回避して打てるので、習得しておきたいシュートである。

セオリー選択のポイント

ドリブル終了後にゴールを背にしてディフェンスと対峙し劣勢のような状況でも使える。

セオリープレー

すばやくターンをしてから斜め後方にジャンプ

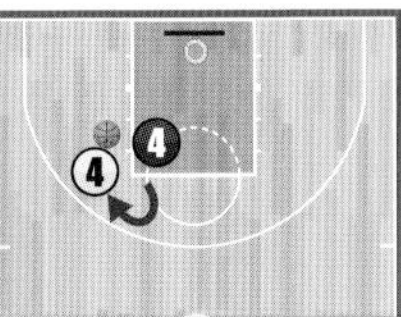

パスコースがなくシュートという選択がベストであるのなら、すばやくターンをして斜め後ろに跳び、シュートブロックをかわすように打とう。

ペリメーター付近で相手を背負っている

ゴールを見ながらすばやくターン

後ろ足に体重を乗せながらシュート動作に入る

空中姿勢を保ちながら斜め後ろに跳んでシュート

勝負の核心

片足シュート練習でマスターしよう

フェイドアウェイは難易度が高い。そこで、片足でのシュート練習をしてみよう。コツは後ろ足のカカトに重心を乗せ、前足の力を抜くことだ。

コラム
COLUMN

バスケットボール選手の食事①

バスケットボールに必要なエネルギーは食事でしか摂ることができない

運動に必要なエネルギーはもちろん、日々の生活を送るエネルギーも、人は基本的に食事でしか摂取できない。

食物中に含まれる成分のうち、炭水化物（糖質）・脂質・タンパク質を3大栄養素とよび、エネルギーの源になる。そしてこの3大栄養素とくらべて必要量は少ないが、欠かすことのできないビタミンとミネラルを加えると5大栄養素になる。

理想はこの5大栄養素を3食の食事で、主食（米やパン）・主菜（肉や魚などのメインのおかず）・副菜（野菜や海藻、果物など3皿程度）からバランスよく摂取したい。

また、エネルギー源となる3大栄養素は、そのバランスも重要だ。これは PFCバランスとよばれ、厚生労働省によって総量を100%としたときに炭水化物50〜65%・脂質20〜30%・タンパク質13〜20%と目安が示されている。ただし、高強度競技であるバスケットボールの選手は、骨や筋肉をつくるタンパク質を多く摂る必要があるため、タンパク質量を25%程度まで増やし、その分脂質と炭水化物を減らすなどして調整してもよいだろう。

5大栄養素の働き

分類		種類	役割	含有量の高い食材
5大栄養素	3大栄養素	炭水化物（糖質）	からだを動かすエネルギー源	米、小麦、麺類、イモ類、果物など
		脂質	からだを動かすエネルギー源	肉（脂身）、油、乳製品、ナッツ類など
		タンパク質	筋肉などからだをつくる材料・エネルギー源	肉類、魚介類、卵、乳製品、大豆など
		ビタミン	からだの調子を整える	柑橘類、緑黄色野菜、レバー、大豆など
		ミネラル	からだをつくる材料・調子を整える	海藻、レバー、大豆、魚介類など

PFCバランスの標準的な目安

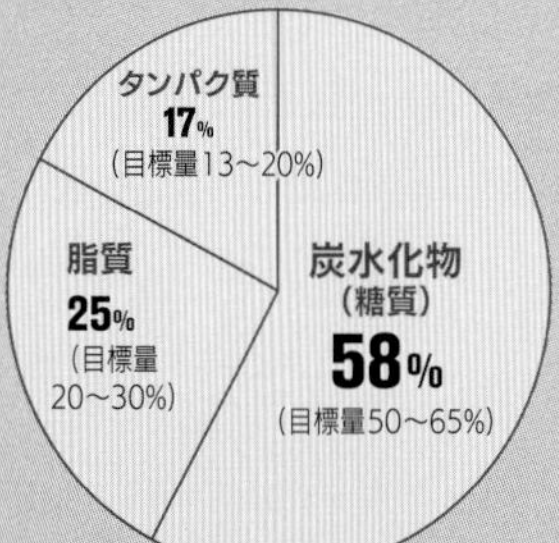

タンパク質
17%
（目標量13〜20%）
脂質
25%
（目標量
20〜30%）
炭水化物
（糖質）
58%
（目標量50〜65%）

アスリートの PFCバランスの目安

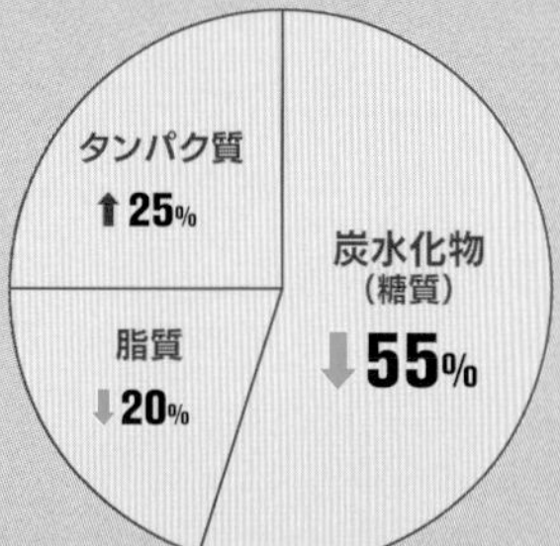

タンパク質
↑25%
脂質
↓20%
炭水化物
（糖質）
↓55%

2章

アウトサイドのセオリー

この章ではディナイを振り切ってパスを受ける動きやパスを受けてからの仕掛けなど、アウトサイドで活かせるセオリープレーを紹介する。どんな相手にでもドライブを仕掛けられる1対1スキルを習得しよう。

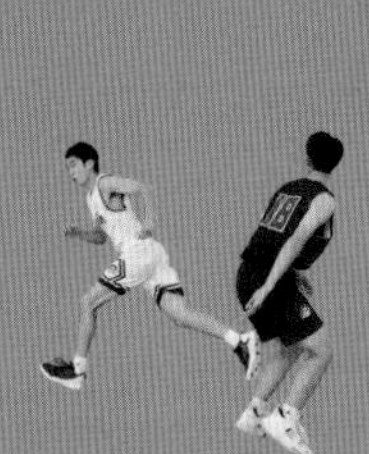

味方のプレーを助けるスペーシングを意識する

オフボールの動きが攻撃を機能させる

アウトサイドでのオフボールの動きはとても重要だ。ボールがないからといって、その場で立っていては攻撃が停滞する。ボールマンがドリブルしているときは、連動して常にポジションを細かく移動し、スペーシングを保つ必要がある。

攻撃をスムーズに機能させることができる適切なお互いの距離は、おおよそ5～7m。ペイントエリアの幅が4・9mなので、この幅を基準に多少広がった距離感をカラダに覚え込ませよう。

5～7mと幅があるのは、オフェンスの配置やチームの強みによって調整していくことが重要だからだ。パスやカットプレーが得意なチームであれば選手間の距離を5m程度にして、左右にテンポよくボールを動かし、スペースにアタックしてシュートにつなげるとよいだろう。

一方、ドライブや長距離シュートが得意なチームであれば、選手間の距離を7m程度に広げ、ボールマンの1対1やドライブからキックアウトをして3Pシュートへつなげるとよいだろう。

またパスを受けるときは、その場に立ち止まってボールがくるのを待つのではなく、一度ゴール方向にカットをしてから外に出るVカットなどを用いて、目の前でディナイしているディフェンスを振り切り、自分でパスコースをつくるという意識が大切になる。

適正なスペーシングとは？

フリースローの幅を目安に、選手間の距離を5〜7mに保つ

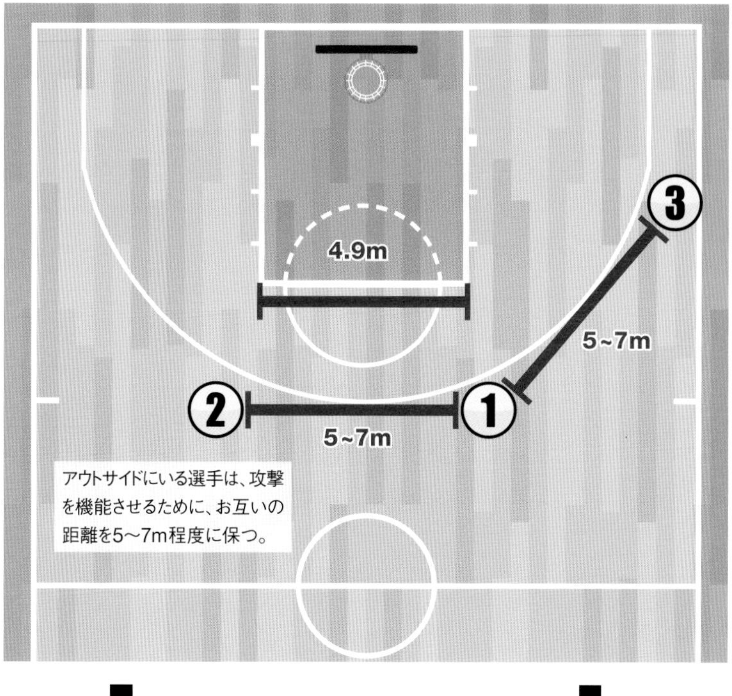

アウトサイドにいる選手は、攻撃を機能させるために、お互いの距離を5〜7m程度に保つ。

パスやカットプレーが得意なチーム

選手間の距離を5m程度にすることでパスがテンポよく回り、スペースが生まれやすいので、そこにカットをする。

ドライブや長距離シュートが得意なチーム

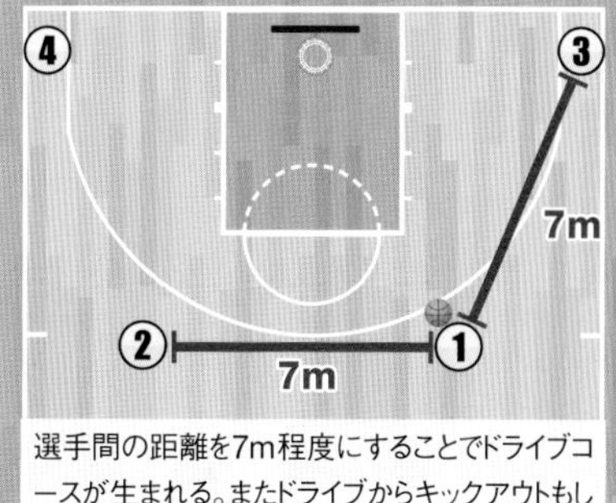

選手間の距離を7m程度にすることでドライブコースが生まれる。またドライブからキックアウトもしやすい。

テンポよくボールを動かしシュートチャンスをつくる

ボールを停滞させずテンポよく動かす

アウトサイドの選手はボールを動かし攻撃を組み立てる役割を担うが、ここで意識してほしいことは、ドリブルよりパスの方がボールを速く動かせるということ。自分でシュートを決めるという強い意思を持つことも大切だが、独りよがりのドリブルではチャンスを逃してしまう。

また、自分のアシストにならなくても、パスをつなげば味方がフリーになるという状況は多々あるのでボールを停滞させずに動かすことを意識しよう。

パスをテンポよく回すパッシングゲームを機能させるには、3つのポイントがある。

ひとつ目はパスコースの確保。これはボールマンではなく、オフボールの選手がカットやポジション調整をして確保する。

ふたつ目はボールマンの視野。下を向いてドリブルしていてはフリーの味方にパスが出せない。常にフロア全体を見渡しておく必要がある。

最後はパスの最適化。バウンド・ストレート・ロブなどのパスの種類や強さ、精度などを状況によって最適化したパスを出す必要がある。

しかしながら、競技レベルが上がればパス回しだけでシュートチャンスをつくることは難しい。そこでパスを受ける選手は、パスを受けたらすぐに1対1を仕掛けられるオペレーショナルゾーンでパスを受けることも意識しておきたい。

パッシングゲームを機能させる3つのポイント

POINT① オフボールの動きでパスコースを確保する

オフボールの選手は、常にパスコースを確保しておくために、ボールマンの動きに合わせてポジションを調整することはもちろん、カットを使って自分のマークマンを振り切る。

POINT② フロア全体を見渡せる視野を確保する

下を向いてドリブルしたり、後ろを向いてピボットしていては、味方がフリーになっても気がつくことができない。顔を上げ前を向いてボールを扱えるハンドリングを養いたい。

POINT③ パスを最適化させる

パスの種類や強さはその組み合わせによって無数にある。状況によって、最適なパスを選択し、自分と相手が共有したイメージの精度でパスを出す技術が求められる。

ドライブや幅を使ったパス回しでマークにズレを生み出す

マークが外れたらシュートチャンス

対戦相手のチームにマンツーマンでつかれたときは、マークにズレをつくることでシュートチャンスが生まれる。

その手段のひとつにドライブがある。ペイントエリアに侵入すると、必ずヘルプディフェンスがくる。すると元々つかれていた味方がフリーになる可能性が高いのでパスが通ればシュートを狙える。

もうひとつは、左右に展開するパス回し。アウトサイドでボールをボールサイドからヘルプサイドへと展開することで、相手チームのディフェンスは、ボールマン・ディナイ・ピストルとそれぞれの役割を入れ替える必要に迫られる。この入れ替えが遅れると、マークにズレが生じる。

したがってアウトサイドでのパス回しはボールサイドだけで回すのではなく、ボールサイドからヘルプサイドへとコートの幅を使って展開させることが重要になる。

また、これとは別にアウトサイドの選手はパスを出したらできるだけその場に立ち止まらず、ゴールに向かってカットをするか、ヘルプサイドの味方にスクリーンをかける、またはVカットをして再びパスを受けられる状態をつくるなど、何らかのアクションを起こすことを意識したい。その場に立ち止まっていると、攻撃を停滞させてしまうことになるので気をつけよう。

マークのズレを生み出す手段

手段① ペイントエリアへドライブをする

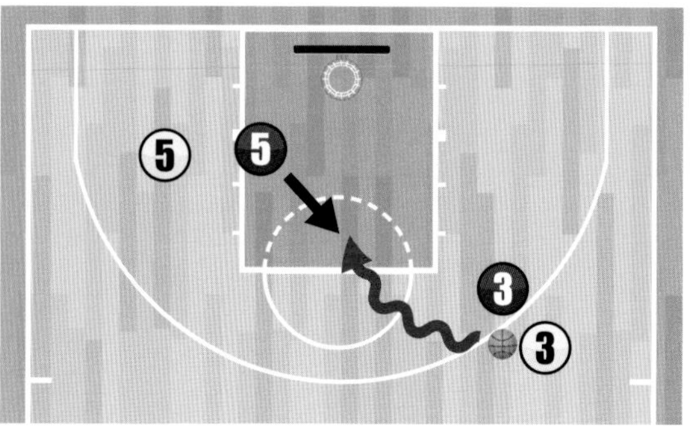

ドライブで味方のマークマンを引きつける

③がミドルレーンからドライブを仕掛けたら、❺がペイントエリアへの侵入を止めるためにヘルプに向かう。するとマークが外れた⑤がフリーになる。

手段② 左右へパスを展開させる

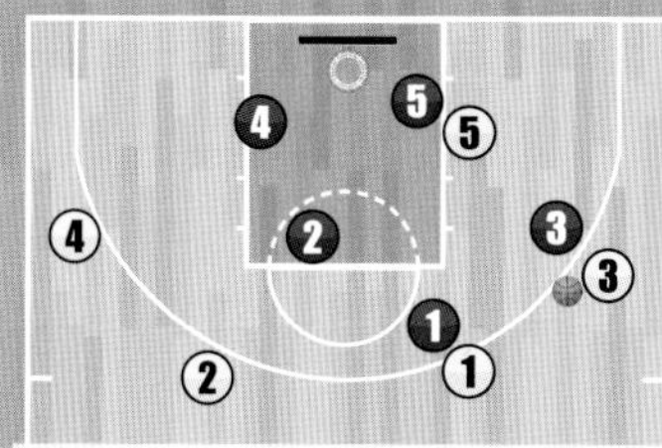

❸はボールマンへのディフェンス、❶と❺はディナイ、❷と❹がピストルと、ディフェンスはそれぞれの役割をこなしている。

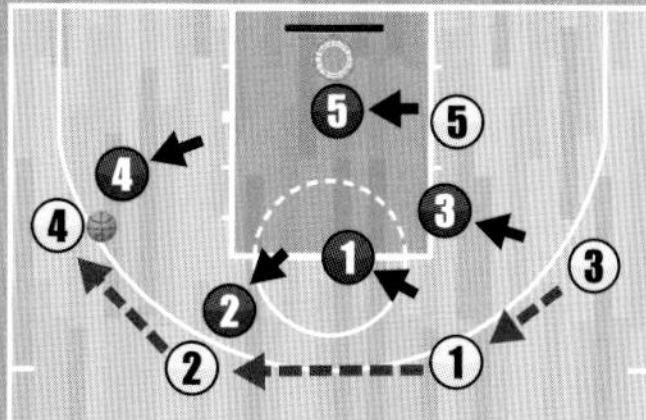

ボールが逆サイドまで展開されると、ディフェンスはそれぞれの役割を変更しなければならない。ここでマークのズレが生まれやすい。

パス後の動き

その場で立ち止まらずカットやスクリーンに動く

①はパス後にゴールに向かってカットしてから逆サイドのコーナーに抜けるか（A）、③にスクリーンをかける（B）などのアクションを起こす。

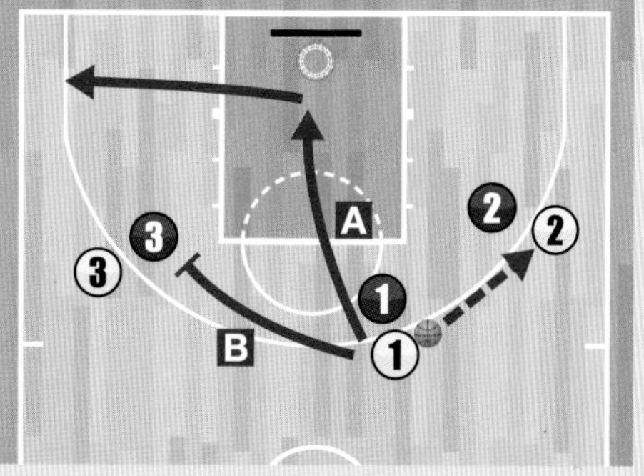

ディフェンスの収縮と伸張を操るインサイドアウト

インサイドと協力してディフェンスを動かす

　アウトサイドの選手がインサイドにパスを入れると、ゴール近くから打たせまいとディフェンスは全体的に収縮する。

　そしてインサイドの選手が再びアウトサイドの選手にボールを戻せば、3Pシュートを打たせまいとディフェンスは全体的に伸張する。ディフェンスは常にボールの動きに合わせてポジションを調整している。

　この特性を逆手に取って攻めるプレーをインサイドアウトとよぶ。

　インサイドアウトを機能させるには、アウトサイドの選手は基本となる2つのセオリープレーを覚えておきたい。

　ひとつ目はスライド。パス後にその場で立っていると、自分のディフェンスと重なりポストからのリターンパスが通らないので、必ず左右どちらかにスライドしてパスコースを確保する。パスを受けたら、外に広がった相手にカウンター気味にドライブをしてもいいし、戻りが遅ければ3Pシュートを狙う。

　ふたつ目はゴールへのカット。ポストの横を通ってゴールに向かってカットし、ハンドオフでボールを受け取りシュートでもいいし、そのままマーク相手を連れて逆サイドに抜けることで、ポストの選手の1対1をつくることもできる。

　この2パターンがあれば、外でも中でもシュートで攻撃を終わらせることができやすくなる。

ポストへパスをした後の動き

動き① 左右へスライドする

◉ 3ポイントシュートが狙える　◉ ドライブを仕掛けやすい

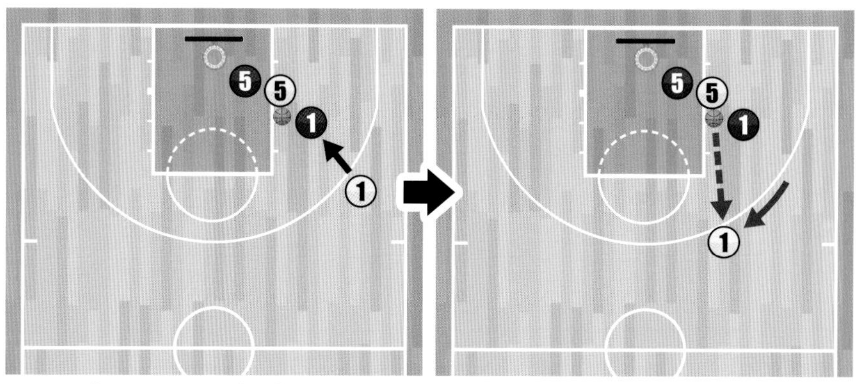

ローポストの⑤にパスを入れたら❶は⑤に寄るのがセオリー。ここで①はその場で立っているのではなく、左右どちらかにスライドしてパスコースを確保する。リターンパスをもらえば、❶に対して先手を取れる。

動き② ゴールへのカット

◉ カットからシュートが狙える　◉ ローポストで1対1をつくれる

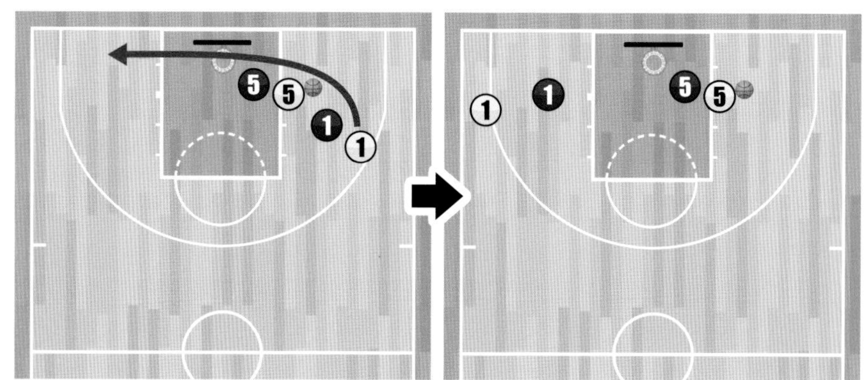

⑤にパスを入れた①は、⑤の横を通ってカットする。ハンドオフでボールを受けたらそのままシュートを狙い、無理だったら自分のマークを引き連れて逆サイドまで抜けることで、⑤に1対1の環境をつくることができる。

次のプレーは何を選択する？

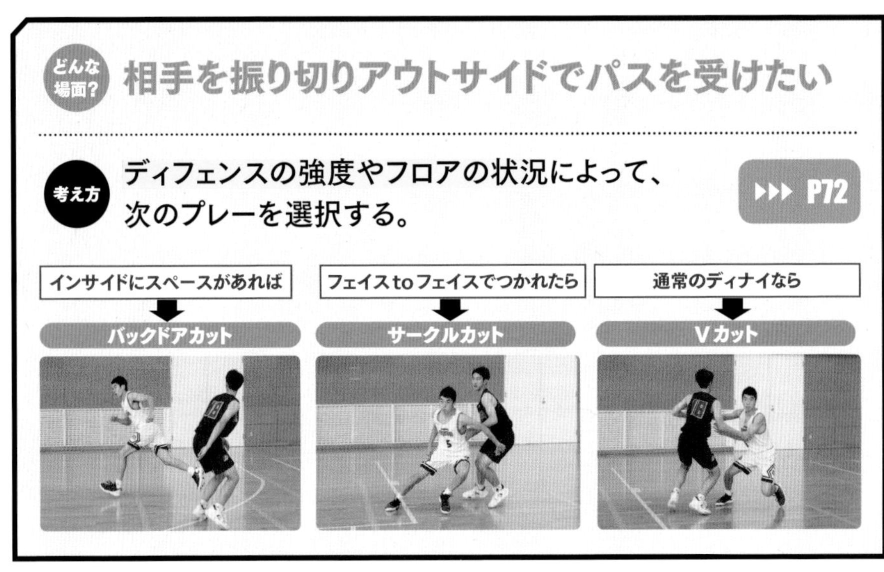

アウトサイドではパスを受けるためにカットをしてパスコースをつくる必要がある。またパスを受けたあとは、そのときの姿勢によっていくつかのセオリーがあるので、すべて使い分けられるように練習しておこう。

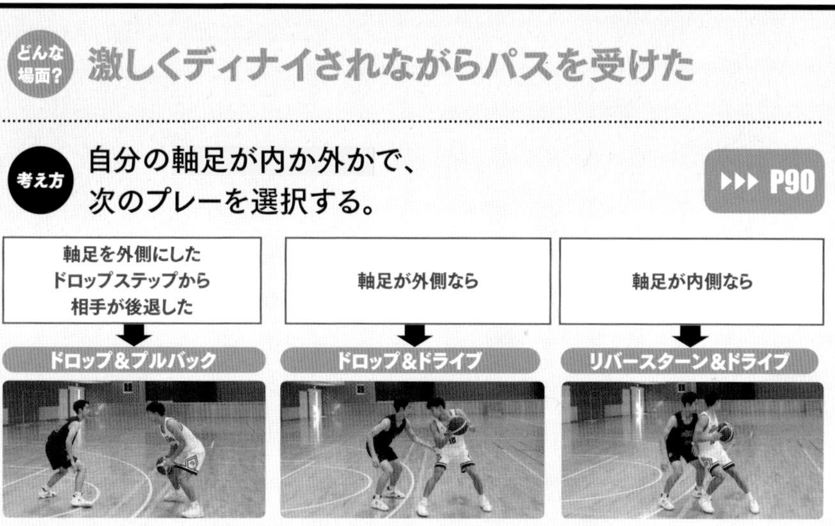

3つのカットを駆使してディフェンスを振り切る

マンツーマンでつかれたディフェンスを振り切りフリーでパスを受けることは、いわば攻撃のスタートライン。ここではディフェンスの強度によって使い分ける3つのセオリープレーを紹介するので、しっかりマスターしよう。

どんな場面？

アウトサイドでマンツーマンディフェンスでつかれているが、相手を振り切りフリーでパスを受けたい。

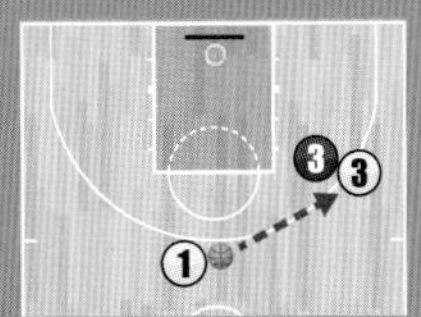

考え方

ディフェンスの強度やフロアの状況によって、次のプレーを選択する。

インサイドにスペースがある

フェイスtoフェイスでタイトにつかれている

通常のディナイでつかれている

バックドアカット

外と見せかけて中でパスを受ける

インサイドにスペースがあれば、外で受けると見せかけて、中へ飛び込んでパスを受ける。

▶▶▶ P78

サークルカット

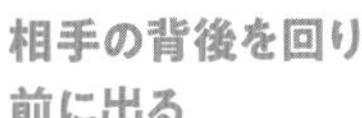

相手の背後を回り前に出る

相手がボールを見ずに自分だけを見てタイトについてきたら、そのディフェンスの背後を回ってパスを受ける。

▶▶▶ P76

Vカット

外で受けるための基本のカット

ゴール方向へ動いてから、すばやく外に出てパスを受ける。最も基本的な受け方になる。

▶▶▶ P74

Vカット

こんな場面

相手はディナイをしながらマンツーマンでついているので、今のままではパスカットされてしまう。

中へ誘導してから すばやく外に出る

相手のディナイによってパスコースを消されたら、自らカットをしてパスコースをつくる必要がある。

最も基本的なカットはVカット。一度自らゴール方向へ動くことで相手を中へ誘導し、すばやく外へポップアウトして距離を詰められる前にパスを受ける。

外に出るときに角度をつけないことを「Iカット」、角度をつけることを「Vカット」、直角に動くことを「Lカット」と使い分けることもあるが、基本的に要領は同じである。

セオリー選択のポイント

ディナイによってパスコースが消されているときに、パスコースをつくる基本のカット。

セオリープレー

一度ゴール方向に動いてから外に出てパスを受ける

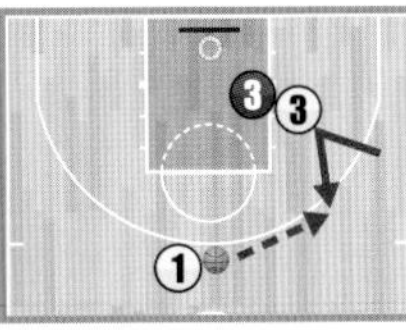

まずは自らゴール方向へ動いて、相手を中へ動かす。その後すばやく外に出て、相手から離れた瞬間にパスを受ける。

ターゲットハンドを上げパサーに外へのパスを意識させる

ゴール方向に走り出し相手を誘導

すばやく止まって切り返す

ディフェンスと離れた瞬間にパスを受ける

勝負の核心

低い姿勢ですばやく切り返す

ゴールに近い方の足を踏み込むときに、重心を落として一気に切り返す。これによって沈み込む動作が省かれ、瞬時にディフェンスを引き離すことができる。

2-2

パスの受け方

アウトサイドでパスを受ける B

サークルカット

こんな場面

フェイスtoフェイスでタイトにつかれている

自分の顔を見るようにタイトなディナイでピッタリとつかれている。Vカットでは振り切れないかもしれない。

マーク相手は後ろを追いかけるほかない

相手にピッタリとつかれ、Vカットでは振り切れないようなときは、サークルカットがセオリーになる。

Vカットと同じように、相手を中に誘導してから、その相手の背後を小さく回って外に出てパスを受ける。相手としては後ろを追いかけるしかないので、背後を取れたらパスコースを確保できる。

また、相手が俊敏で背後を取ることが難しいときは、インサイドにいるポストを回り込むようにカットすると、相手を引きはがせる。

セオリー選択のポイント

相手のディナイがタイトで、Vカットでは振り切れないようなときに有効なカット。

セオリープレー

Vカットが無理なら ディフェンスの背後に回る

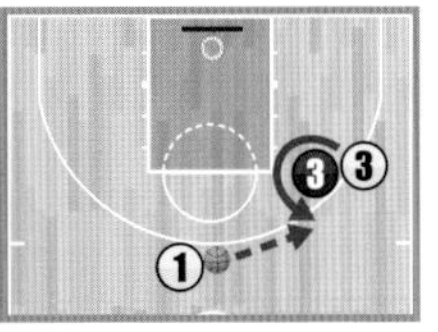

Vカットでは振り切れないほどディナイがタイトなときは、相手の背後に回るようにカットすると、相手は後ろから追いかける形になるためパスコースが確保できる。

Vカットのようにゴール方向へ走る

相手の背後へ回るようにすばやくターン

できるだけ小回りにターンをする

ディフェンスの前でパスを受ける

勝負の核心

カットはできるだけ小さく速く回る

ターンが大きくなると相手は先読みして自分の前に出てくることも考えられる。ターンは小さく速く回るほど、ディフェンスの前でパスを受けられやすい。

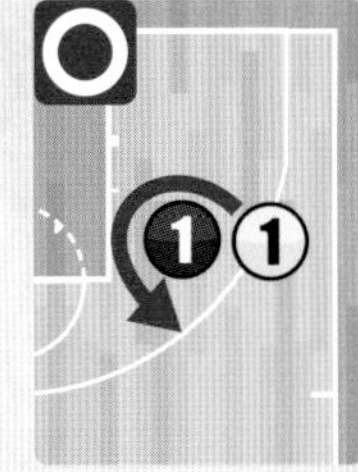

パスの受け方

▼

アウトサイドでパスを受ける C

バックドアカット

こんな場面

ディナイされているがインサイドにスペースがある

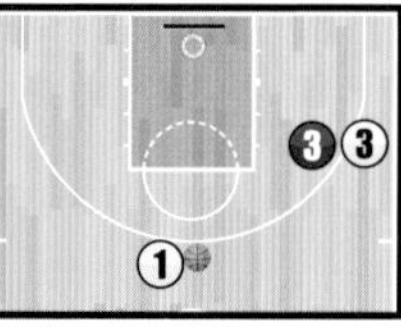

しっかりディナイされているが、背後のインサイドにスペースがあり、そこでパスを受けられたらシュートができる。

外がきついときは中に飛び込む

相手のディナイが前がかりになり、パスコースが完全にふさがれているときは、中へ飛び込むバックドアカットが有力なセオリーになる。

ただし、飛び込んだ先に味方がいると重なってしまうので、スペースがあるときに限られる。また、競技レベルが上がると、逆サイドからヘルプディフェンスがくることも想定しておこう。このカットはパサーとのイメージ共有が重要になる。慣れるまでは手をグーにするなどのサインを事前に決めておくとよい。

セオリー選択のポイント

激しくディナイされているが、インサイドにスペースがあるようなときに有効なカット。

セオリープレー

相手を外に誘き出してから すばやく中へ切り返す

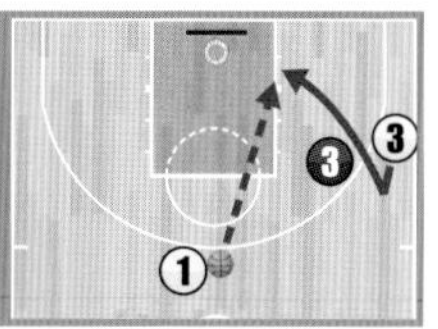

インサイドのスペースで受けるには、相手を外に誘き出すことで成功率が上がる。そのため事前に外へフェイクを入れてからすばやく切り返す。

ターゲットハンドを上げ外に意識を向ける

相手が外に出てきたらすばやく中へ切り返す

中に走り込みパスを受ける

フリーでそのままレイアップシュート

勝負の核心

外へのフェイクは 短く緩急をつける

中へ切り返す前の外への動きは短い距離でかまわない。ここでは走る距離より緩急を意識する。瞬間的な切り返し動作で相手を置き去りにしよう。

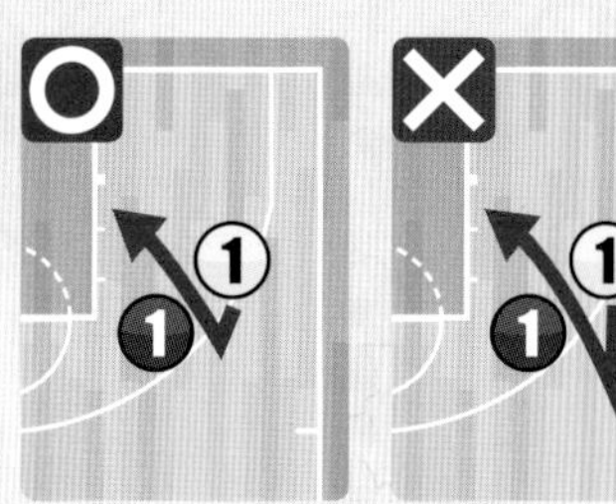

受けた後の動き ▶ 対峙した相手に仕掛ける

ターンからゴールを向けたら ジャブステップを仕掛ける

アウトサイドでディフェンスを振り切り、ゴールを向いてパスを受けることができたなら、次はジャブステップからドライブを仕掛けよう。ここではパスを受けたときの基本姿勢と、そこからはじまるドライブのセオリーを紹介する。

どんな場面？ ゴールを向いてパスを受けることができた。

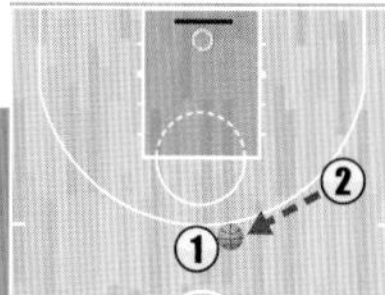

考え方 ゴールに**正対した姿勢**をつくりたい。

フロントターンからトリプルスレットポジションでゴールに正対する

トリプルスレットポジション

どんな動作にも
すばやく移行できる

パスを受けたらゴールに正対した姿勢をつくる。これが次の動作にすばやく移行できる基本姿勢となる。

▶▶▶ P82

どんな場面？ ゴールを向いてトリプルスレットポジションをつくり、ディフェンスと対峙している。

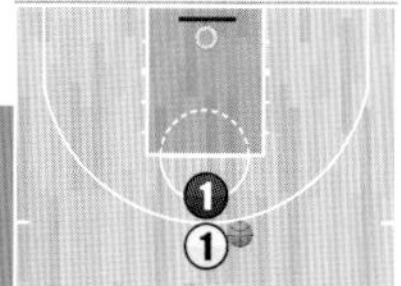

考え方 **ジャブステップへの反応**から、次のプレーを選択する。

ドライブを警戒して一歩後退した

ジャブ＆プルバック

ステップした足を引いてシュート

ドライブを警戒して相手が後退したら、足を引きその場でシュート。

▶▶▶ P88

ジャブステップに反応して片足に体重が乗った

ジャブ＆クロスオーバー

クロスオーバーで逆方向へドライブ

ジャブステップに反応して相手の片足に体重が乗ったら、クロスオーバーでその逆をつく。

▶▶▶ P86

ジャブステップへの反応が薄い

ジャブ＆ドライブ

ドライブを仕掛ける基本ステップ

小さく足を出すジャブステップへの反応が薄ければ、同方向へドライブ。

▶▶▶ P84

2-4

受けた後の動き

▼

対峙した相手に仕掛ける Ⓐ

トリプルスレットポジション

トリプルスレットポジションとは?

シュート・ドリブル・パスの3つの動作のどれにでもすばやく移行できる姿勢をさす。ポイントは背すじを伸ばし、股関節を曲げておくこと。

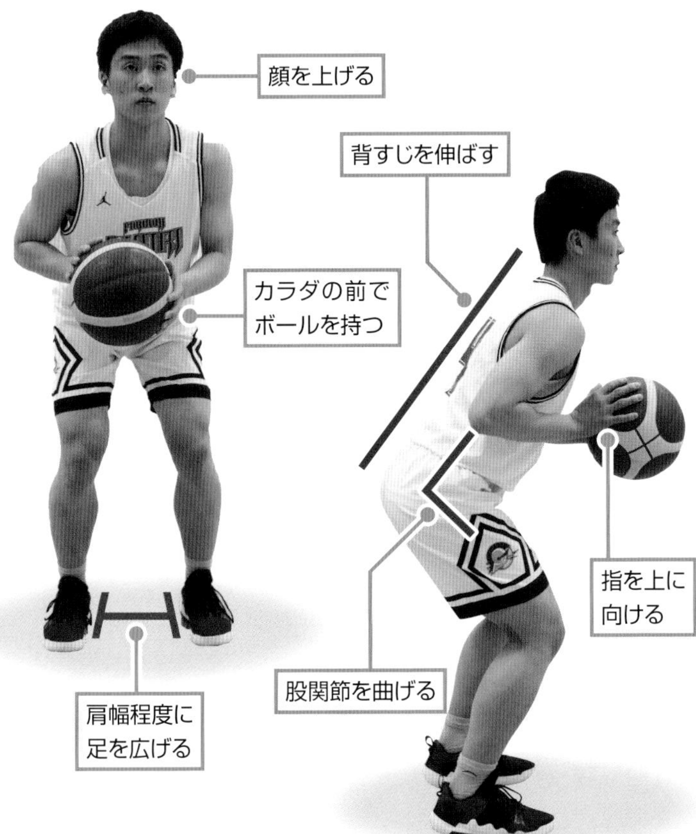

セオリー選択のポイント

ゴールを向いてパスを受けたら、次の動作にすばやく移行するための姿勢をつくる。

ゴールに正対して3つの選択肢を持つ

アウトサイドでパスを受けたら、ゴールに近い方の足を軸に、フロントターンをしてゴールに正対するのがセオリー。ゴールにカラダを向けることで、そこからシュート・ドリブル・パスという3つの選択肢を持つことができる。

ここで取るべき姿勢はトリプルスレットポジション。ポイントは背すじを伸ばして股関節を曲げること。背中やお尻、太もも裏の筋肉に力が入り、動き出しが速くなる。ヒザは伸ばしてもよいので、自分に合った姿勢を見つけよう。

1

フロントターン

ゴールに近い方の足を軸足にして、逆足を前に踏み出す。

2

トリプルスレットポジション

フロントターンで足を揃えてトリプルスレットポジションをつくる。意識しなくてもこの姿勢をつくれるようになろう。

どの動作にもすばやく移行できる

ジャンプシュート

曲げた股関節を伸ばして跳躍すればシュート動作にも移行できる

ドリブル

平行に並んだ足のどちらかを出せばドリブル動作にも移行できる

パス

曲げたヒジを伸ばせばすぐにパス動作に移行できる

ジャブ&ドライブ

こんな場面

ジャブステップをしてディフェンスの反応を見る

アウトサイドでゴールを向いてパスを受けた。ここからドライブを仕掛けるには、まずは足をかるく横に出すジャブステップをする。

ドライブへの警戒が薄ければ攻め込む

アウトサイドでパスを受け、フロントターンをしてゴールに正対したら、通常対峙したディフェンスは、シュートを警戒して間合いを詰める。ここでボールマンは、ジャブステップを踏んで相手の反応をうかがうのがセオリーだ。

もし、相手がジャブステップに大きな反応を示さなければ（つまりドライブを警戒していない）、そのままステップと同方向にドライブを仕掛ける。相手の先手を取れるので、一気に抜き去りペイントエリアへ侵入したい。

セオリー選択のポイント

アウトサイドでゴールを向いてパスを受けたら、ジャブステップを仕掛けの足掛かりにする。

セオリープレー

反応が薄ければ ジャブと同じ方向へドライブ

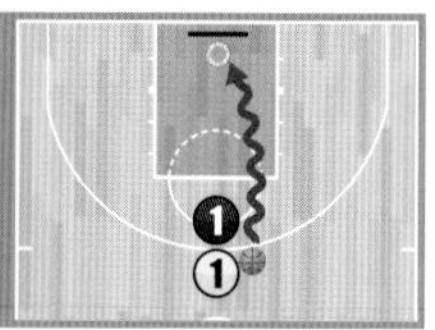

ジャブステップに対して対峙した相手があまり反応を示さなければ、そのまま同方向に踏み込み、一気にドライブを仕掛ける。

アウトサイドでゴールを向いてディフェンスと対峙

右側へジャブステップを踏む

相手の反応が薄かったのでそのままドライブ

一気に抜き去りレイアップシュートへ

勝負の核心

低い姿勢のまま ボールをつく

ドライブを仕掛けるときの姿勢が高いとドリブルも高くなりスティールされる可能性もある。低い姿勢でボールをつき一気に抜き去ろう。

ジャブ&クロスオーバー

こんな場面

ステップに反応して体重が片足に乗った

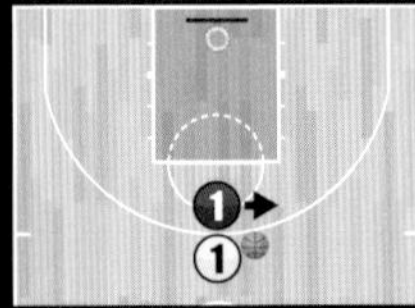

ジャブステップを踏んだら、相手はドライブを警戒してステップした方の足に体重が乗った。

体重が片足に乗ったらその逆をつく

アウトサイドでパスを受けたら、対峙した相手にジャブステップを踏むのが攻撃の突破口になる。このときドライブの進路をふさごうと相手の体重が片足に乗ったら、その逆をつくクロスオーバーがセオリーとなる。ジャブ&ドライブで相手を抜いた後なら、相手はドライブを警戒しているので、より確実性が上がる。ポイントはジャブステップを疎かにしないこと。クロスオーバーをすると決めつけていると、ステップが浅くなりやすいので気をつけよう。

セオリー選択のポイント

ジャブステップに反応し、ドライブを止めようと相手の体重が片足に乗ったときに有効。

セオリープレー

ディフェンスの逆をつく クロスオーバーからドライブ

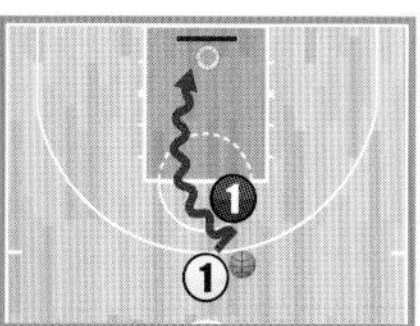

相手が体重移動したのを確認したら、すばやく逆方向へボールをつき出す（クロスオーバー）。ある程度の予測と一瞬の判断力が求められるので何度も練習しよう。

アウトサイドでディフェンスと対峙している

右足をかるく出してジャブステップをする

ディフェンスが横にずれてコースをふさいだ

逆方向へクロスオーバーからドライブを仕掛ける

成功への準備

どっちにもドライブできる姿勢でいる

最初からクロスオーバーをしようと決めてはダメ。相手の反応次第でどちらにも動き出せるように準備しておくことが大切だ。

ジャブ&プルバック

ドライブを警戒してディフェンスが後退した

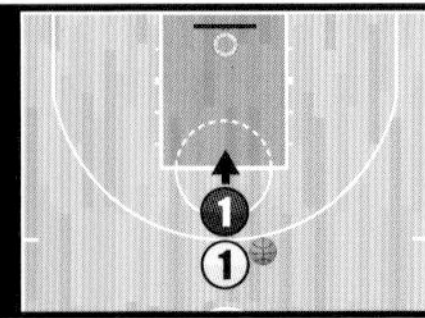

相手がジャブステップからのドライブを警戒して、足を前後に開き体重を後ろ足に乗せた。

ひるんだ相手にさらなる一手を打つ

対峙した相手よりスピードが上回り、試合の中でジャブステップからのドライブに何度か成功していると、対峙する相手はこれ以上抜かれたくないと、足を前後に開き後退して守ることがある。

そうなったら、ジャブステップした足をすばやく戻してその場でジャンプシュートをするジャブ&プルバックがセオリーになる。ただしシュート動作が遅いと間合いを詰められるので、3Pシュートで使うにはある程度練習を積む必要がある。

セオリー選択のポイント

ジャブステップからのドライブを警戒して相手が足を前後に開き後退したら狙おう。

セオリープレー

ディフェンスが後退したら足を引いてジャンプシュート

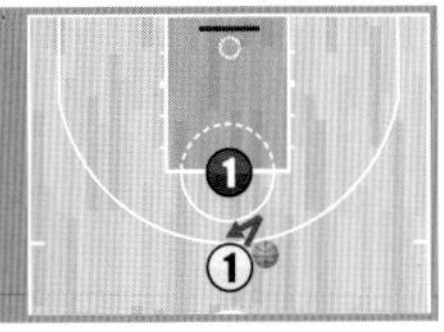

ドライブを警戒してディフェンスが後退したら、すかさずジャブステップした足を引いてジャンプシュートに移行しよう。

アウトサイドでディフェンスと対峙している

右方向へジャブステップをしたらディフェンスが後退した

ジャブステップした足をすぐに戻す

その場ですばやくジャンプシュート

成功への準備

シュートブロックされない距離感

プルバックでは相手にシュートブロックされない距離感をつかむことが大切だ。これは相手との身長差などにもよるが、日頃からある程度の目安を身につけておこう。

受けた後の動き ▶ 激しくディナイされながら受けた

受けたときの軸足によってターンを変える

アウトサイドでタイトにつかれているなか、どうにか半身でパスを受けることができた。ここからのセオリーは自分の軸足が内側なのか外側なのかによって変わるので、順番に解説していこう。

どんな場面？

ディナイディフェンスでタイトにつかれているが、どうにか半身でパスを受けることができた。

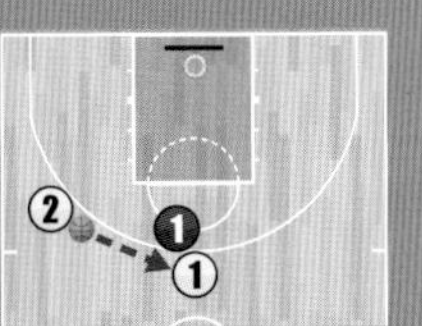

考え方

自分の**軸足が内か外か**で、次のプレーを選択する。

軸足を外側にしてパスを受けた

軸足を内側にしてパスを受けた

ドロップ＆プルバック

相手が下がったらジャンプシュート

ドロップ&ドライブを警戒して相手が後退したら、すかさずドロップステップした足を引いてシュート。

▶▶▶ P96

ドロップ＆ドライブ

ディナイの逆をつくようにステップ

タイトなディナイから離れるようにドロップステップをしてカウンター気味にドライブを仕掛ける。

▶▶▶ P94

リバースターン＆ドライブ

相手に背中を向けてターン

ディナイの逆をつくように、外側の足を後ろに引いてリバースターンからドライブを仕掛ける。

▶▶▶ P92

2-8

受けた後の動き

▼

激しくディナイされながら受けた Ⓐ

リバースターン&ドライブ

こんな場面

ディナイされながら軸足を内側にしてパスを受けた

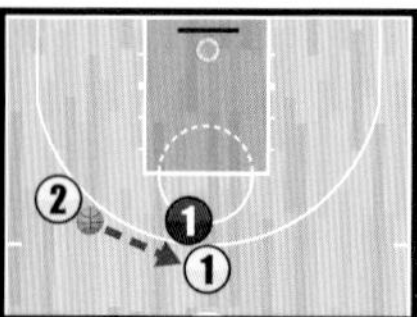

ディナイディフェンスが厳しくゴールを向くことができず、半身の姿勢で軸足を内側にしてどうにかパスを受けた。

背中を向けて反転し相手の逆をつく

激しくディナイされ半身姿勢のままパスを受けたとき、ゴールに近い方の足が軸足となったら、外側の足を後ろに引いてリバースターンをするのがセオリーになる。

ポイントは、前がかりになった相手の逆をつくように、カウンター気味に回ること。パスを受けた後にタイトにつかれたような状況でも有効なプレーになる。

相手がスティールをしようと、手を出してきたりプレッシャーがきつくなるタイミングでターンできるとよい。

セオリー選択のポイント

ディナイされている状況で、軸足を内側にして半身でパスを受けたときに狙える。

セオリープレー

軸足が内側なら リバースターンからドライブ

パスを受けたあとも、相手はスティールをしようと激しくプレッシャーをかけてくる。そこで相手に背中を向けて反転し、逆をつくようにターンをする。

タイトなディナイディフェンスでつかれている

軸足を内側にして半身でパスを受けた

相手のプレッシャーをかわすように背中を向けてターン

相手をかわせたらそのままドライブへとつなげる

勝負の核心

相手側の腕で しっかり押さえる

パスを受ける直前には、ターゲットハンドを上げるなどして、外にパスを出すようにボールマンにサインを送り、逆の腕で相手を押さえてパスカットを阻止する。

ドロップ&ドライブ

こんな場面

ディナイされながら軸足を外側にしてパスを受けた

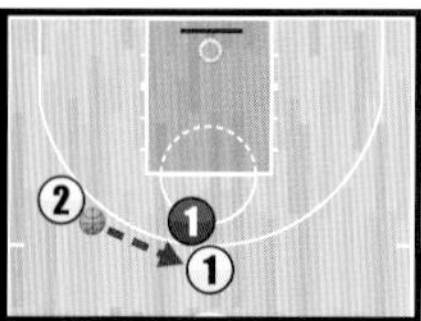

タイトなディナイを押さえながら、どうにか軸足を外側にして半身の姿勢でパスを受けることができた。

ボールと足を大きくスイング

ディナイされながら半身姿勢でパスを受けたとき、ゴールに遠い方の足が軸足となったら、内側の足を後ろに引くドロップステップがセオリーとなる。

スティールしようと前がかりな相手に対してのドロップステップは、カウンター効果があり、そのままドライブを仕掛けられる可能性が高い。ポイントはボールを取られないように遠くでキープしながら、タイミングよく足とボールをスイングさせてドライブにつなげることだ。

セオリー選択のポイント

激しくディナイされながら、軸足を外側にして半身でパスを受けたときに試みよう。

軸足が外側なら ドロップステップからドライブ

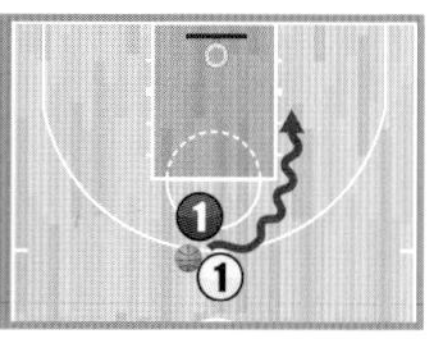

スティールしようと前がかりになっている相手をいなすように、前足を引いてカウンター気味にドライブを仕掛ける。

相手を押さえながらターゲットハンドを上げる

ボールを相手から離してスティールを回避

弧を描くようにボールを下げ前足をすばやく引く

前がかりの相手の逆をつくようにドライブ

勝負の核心

軸足が離れる前に ボールをつく

ドロップ&ドライブでは、トラベリングを回避するために、軸足が床から離れる前にボールを手から離すことが重要だ。

2-10

受けた後の動き

▼

激しくディナイされながら受けた C

ドロップ&プルバック

こんな場面

ドライブを警戒してディフェンスが後退した

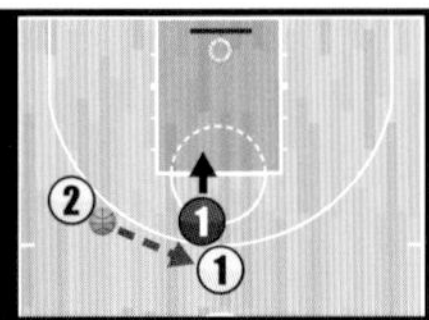

軸足を外側にしてパスを受けたのでドロップステップをした。すると相手はドライブを警戒して後退した。

プルバックからのジャブ&ドライブ

アウトサイドでディナイされながらパスを受け、内側の足を引いてドロップステップをした。すると対峙する相手がドライブを先読みして後退したらドロップ&プルバックがセオリーとなる。

これはドロップ&ドライブを何度か成功させた後におこなうと、相手はドライブを警戒して必ず後退するのでより確実性が高くなる。もし、プルバックからシュートできなくても、ゴールに正対した状況なので、ジャブ&ドライブを仕掛けて相手の反応を探る。

セオリー選択のポイント

パスを受けたあとにドロップステップをしたら、相手が先読みして後退したら有効だ。

ディフェンスが後退したら足を引いてジャンプシュート

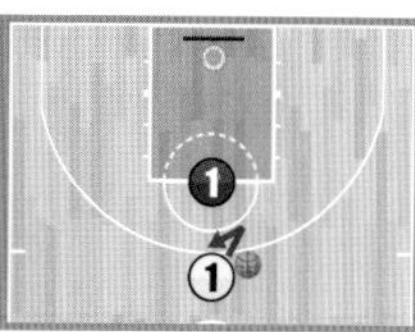

パスを受けドロップステップをしたら、相手はドライブを警戒して一歩後退。ここでシュートが打てるほど両者の間が離れたら、すかさず足を引いて狙っていこう。

アウトサイドで軸足を外側にしてパスを受ける

ボールを動かしながらドロップステップ

ディフェンスが一歩後退し体重が後ろ足に乗った

すかさずドロップステップした足を引いてシュート

勝負の核心

後ろ足に体重が乗ったらチャンス

相手の両足が縦に開き、後ろ足に体重が乗っていると、シュートチェックがワンテンポ遅れるので、プルバックからシュートを狙うチャンスといえる。

コラム
COLUMN

バスケットボール選手の食事②

家族と同じ量では 必要なエネルギーが足りない

中高校生になると、身長が伸びるだけでなく筋肉も発達し、カラダが一回り大きくなる。この年代は一生の中で最もエネルギーを必要とするのだ。体重を維持するために1日に摂取すべき推定エネルギー必要量は、下図のように身体活動レベルによって3段階に分けられるが、バスケットボールは高強度であり運動頻度も高くレベルⅢ相当になる。これによると15～17歳の場合、男性3,150キロカロリー、女性2,550キロカロリー。運動をしていない同年代男性が2,500キロカロリー、女性が2,050キロカロリー、30～49歳の男性が2,300キロカロリー、女性が1,750キロカロリーなのでかなりの差がある。

つまり家族で食事をするとき、兄弟や親が運動をしていない場合、同じ量では足りないということだ。エネルギー量が足りなければ、最後まで走り切ることができないだけでなく、カラダも大きくならない。また、摂取エネルギーは量だけでなくそのバランスも大切なので、前コラムで触れたPFCバランスを元にバスケットボール選手として適正な数値で摂取したい。この年代のアスリートにとっては、食べることも大切なトレーニングだ。

推定エネルギー必要量（kcal/日）

性別	男性			女性		
身体活動レベル	Ⅰ	Ⅱ	Ⅲ	Ⅰ	Ⅱ	Ⅲ
6～7（歳）	1,350	1,550	1,750	1,250	1,450	1,650
8～9（歳）	1,600	1,850	2,100	1,500	1,700	1,900
10～11（歳）	1,950	2,250	2,500	1,850	2,100	2,350
12～14（歳）	2,300	2,600	2,900	2,150	2,400	2,700
15～17（歳）	2,500	2,800	3,150	2,050	2,300	2,550
18～29（歳）	2,300	2,650	3,050	1,700	2,000	2,300
30～49（歳）	2,300	2,700	3,050	1,750	2,050	2,350
50～64（歳）	2,200	2,600	2,950	1,650	1,950	2,250

注：身体活動レベルは、低い・普通・高いの3つのレベルとして、それぞれⅠ・Ⅱ・Ⅲで示している。
厚生労働省「日本人の食事摂取基準（2020年版）」より

3章

インサイドのセオリー

この章ではポストアップや背負った相手への仕掛けなど、インサイドで活かせるセオリープレーを紹介する。ゴール下は得点期待値が高くディフェンスもタイトなので、相手の反応次第で柔軟に対応できる選手を目指そう。

ドライブに合わせて動くことで味方を助け、パスも受けられる

コートの状況で臨機応変に対応

アウトサイドの選手がドライブを仕掛けた場合、相手チームのディフェンスはボールに近づくように中へ収縮する。

このとき、残りのオフェンスの選手はドライブをその場で見ているのではなく、パスコースをつくるように動くことが大切になる（1人だけはセーフティとしてセンターラインまで下がる）。パスコースのないドライブは、選択肢がシュートしかないため、ディフェンスにとっては守りやすい。

なかでもインサイドにいる選手は、自分のディフェンスがドライブを止めるためにヘルプに行く可能性が高いので、そのディフェンスと重ならないように効果的に動くことができればフリーでパスを受けられる。

ただし、動いた先でドライブしている選手とぶつかることがないように、ボールから離れるように動く必要がある。

①ヘルプに行ったディフェンスと重ならないように動いてパスコースを確保すること。
②ドライブコースをふさがないこと。

この2つが基本的な考え方になるが、実際の動きはドライブしてくるコースがミドルライン側なのかベースライン側なのか、または自分がハイポストにいるのか、ローポストいるのかによって変化するので（左図参照）、ある程度柔軟さを持ち臨機応変に対応したい。

ドライブに対するインサイドの合わせの一例

ヘルプサイドにいる場合

例Ⓓ

❺がハイポスト / ❶がミドルライン側からドライブ

ポップアウトする（A）か、ローポストへ下りる（B）。

例Ⓔ

❺がローポスト / ❶がミドルライン側からドライブ

ハイポストに上がる（A）か、ポップアウトする（B）。

例Ⓕ

❺がローポスト / ❶がベースライン側からドライブ

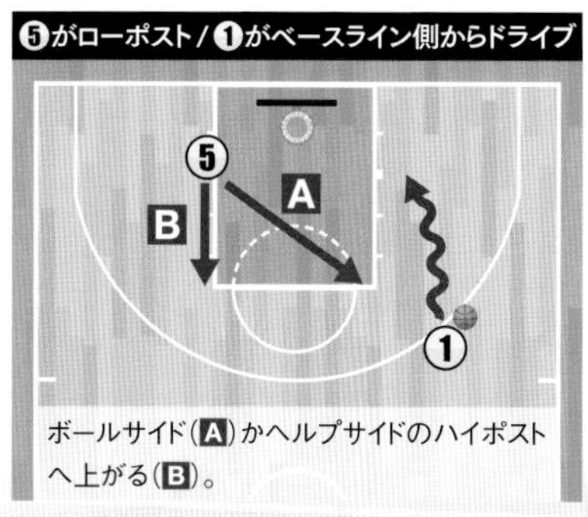

ボールサイド（A）かヘルプサイドのハイポストへ上がる（B）。

ボールサイドにいる場合

例Ⓐ

❺がハイポスト / ❶がミドルライン側からドライブ

①にスクリーンをかける（A）か、ローポストに下りる（B）。

例Ⓑ

❺がローポスト / ❶がミドルライン側からドライブ

ポップアウトする（A）か、ヘルプサイドのローポストへ動く（B）。

例Ⓒ

❺がローポスト / ❶がベースライン側からドライブ

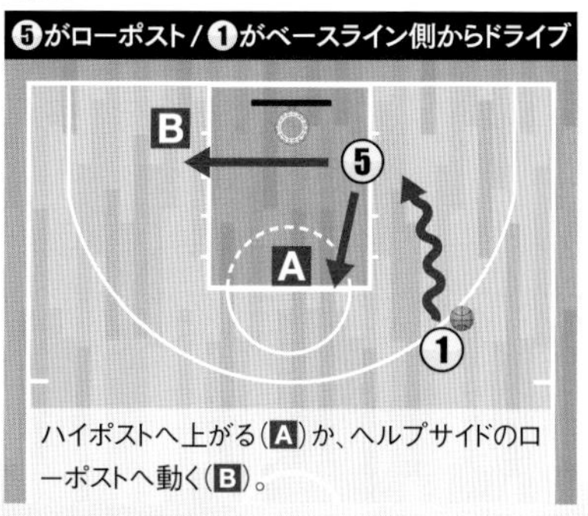

ハイポストへ上がる（A）か、ヘルプサイドのローポストへ動く（B）。

アウトサイドのパス回しを中継して攻撃を組み立てる

ときには外に出て味方を助ける

インサイドの選手はゴール下にいればよいわけではない。アウトサイドのディフェンスがタイトでパスが回らないときなどは、ハイポストに上がってパスを中継することも大切になる。

一度パスが中に入ることで、相手ディフェンスは収縮するため、アウトサイドの選手がフリーになりやすい。

またローポストから上がることで、裏にスペースをつくることができバックドアのようにシュートに直結するカットも生まれやすい。

視野が広くフロア全体を見渡せるインサイドの選手がいると、ボールが動き、チームオフェンスがうまく機能する。

さらに、インサイドの選手は、オフェンスリバウンドにも積極的に参加してほしい。当たり前だが、オフェンスリバウンドが取れれば1回の攻撃で2回のシュートが打てる。本来なら相手チームの攻撃になるところが、自チームの攻撃ターンが続くのだから、この差は大きい。オフェンスリバウンドには「4点分の価値がある」といわれるのはこのためだ。

ただし、重要だからといって全員がオフェンスリバウンドに参加すると相手の速攻が止められないので、1人はセーフティに戻り、インサイドの選手を中心としたゴールに近い3人でトライアングルをつくるようにポジショニングするとよい。

パスの中継

インサイドにパスを入れる効果

アウトサイドのディフェンスがタイトでパスが回らず、チームオフェンスが機能していない。

ハイポストでパスを中継することで、ディフェンスが中に収縮しアウトサイドに余裕が生まれる。

ハイポストを中継としたカットプレー

例① ウイングのバックドアカット

ハイポストに上がった⑤にパスを出し、裏のスペースを③がバックドアカット。

例② トップからのバックドアカット

⑤がハイポストへフラッシュをして、空いたペイントエリアへ①がバックドアカット。

オフェンスリバウンドの準備

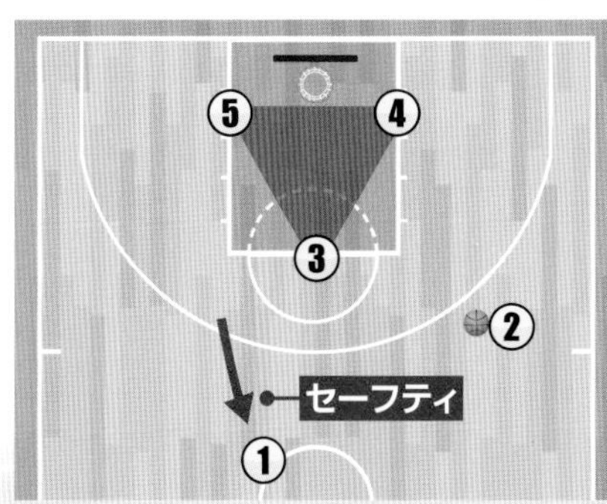

トライアングルとセーフティ

ゴール付近にいるプレイヤーでトライアングルをつくるようにポジショニングをしてリバウンドの準備をする。また一人はカウンターを止めるためにセーフティに戻る。

マークのズレやミスマッチをつくる中から外へのスクリーンプレー

競技レベルに比例して求められるプレー

　育成年代の選手には、カットの動きでマークを振り切ったり、1対1で相手を抜くなど、安易にスクリーンプレーに頼らず個人の力で局面を打開する力を身につけてほしいが、競技レベルが上がるに連れ、スクリーンプレーに頼らざるを得ない局面が出てくる。

　とくにインサイドとアウトサイドの選手でおこなえば、マークのズレやミスマッチを容易につくることができるため、プロはもちろん、学生でもレベルが高くなると欠かすことのできないものになる。

　そのため、ここではインサイドとアウトサイドの選手でおこなう基本のスクリーンプレーを3つ紹介する。

　ひとつ目はスクリーン&ロール。ミスマッチをつくる基本的なセオリープレーであり、多くのチームが攻撃に入る局面で採用している。スクリーン後は相手の動き次第で分岐するが、基本はボールマンがそのままドライブするか、フリーになったインサイドの選手にパスをする。

　ふたつ目はスクリーン&ポップ。これはスクリーンに行ったインサイドの選手が、外に出てパスを受けるというもの。インサイドの選手に長距離のシュート力が求められる。

　最後はスリップスクリーン。スクリーンをすると見せかけて、すばやくゴール方向にカットをしてパスを受けるというもの。

中と外でおこなう主なスクリーンプレー

プレー① スクリーン&ロール（ピック&ロール）

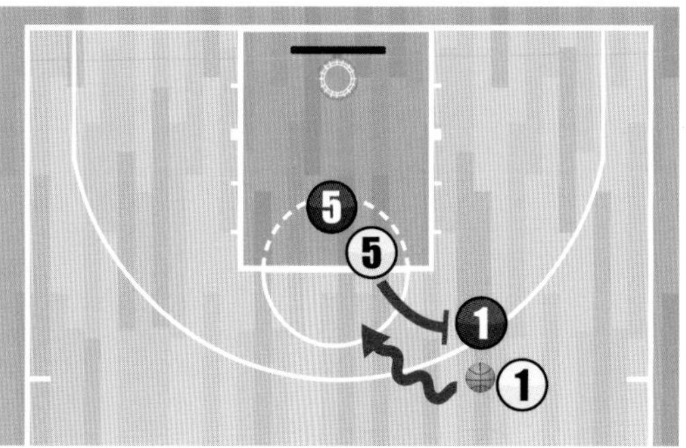

中と外でおこなう 基本のスクリーン

最も基本的なプレー。ハイポストにいた⑤が①にスクリーンをかける。ボールを持った①は自らドライブするか、ターンをしてゴールにカラダを向けた⑤にパスをする。

プレー② スクリーン&ポップ

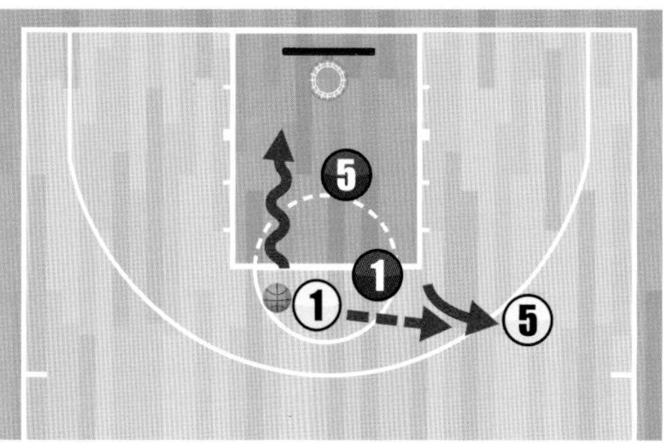

中の選手が外に出て ロングシュートを狙う

ピック&ロールを先読みして❺が下がったときに有効なプレー。スクリーンをかけた⑤はターンをしてゴールを向かず、そのまま外に出る。ボールを持った①はドライブするか、⑤にパスをする。

プレー③ スリップスクリーン

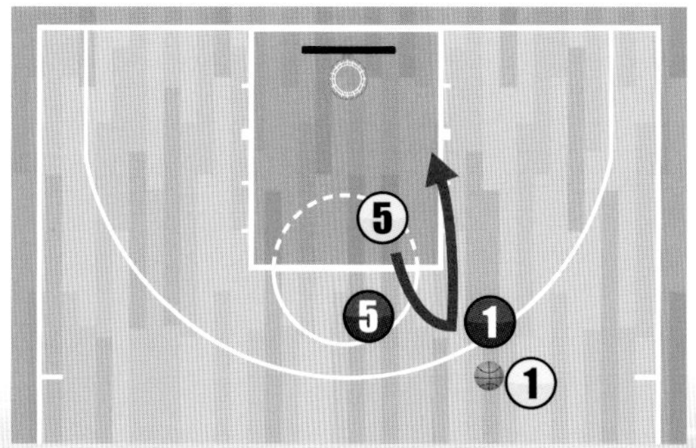

スクリーンと見せかけ ゴール方向へカット

スクリーンプレーを使い続けた試合中盤以降で有効なプレー。⑤はスクリーンをかけに行くと見せかけ❺が釣られて上がったのを確認したら、すかさずゴール方向にカットをして、①からパスを受ける。

次のプレーは何を選択する？

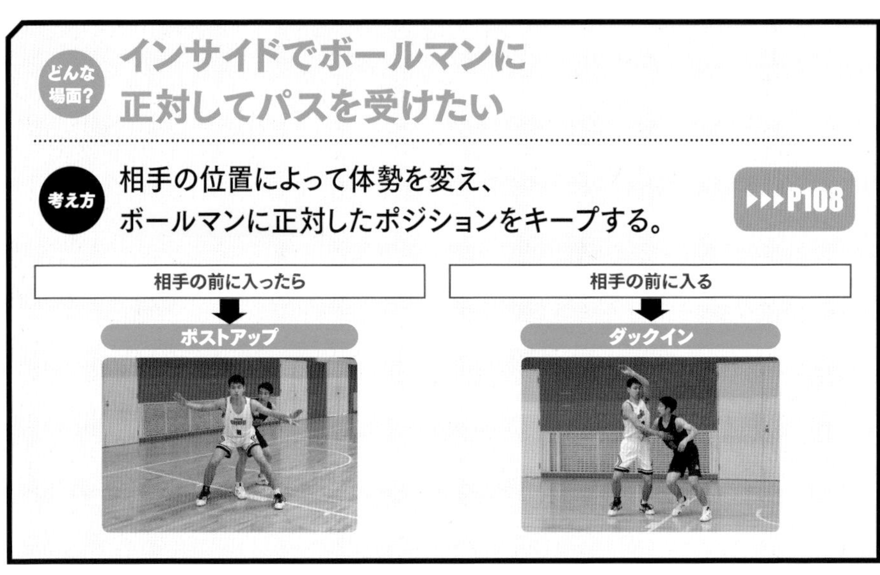

どんな場面？ インサイドでボールマンに正対してパスを受けたい

考え方 相手の位置によって体勢を変え、ボールマンに正対したポジションをキープする。

▶▶▶P108

相手の前に入ったら → ポストアップ

相手の前に入る → ダックイン

どんな場面？ 激しくディナイされているがパスを受けたい

考え方 ディフェンスのつき方から、次のプレーを選択する。

▶▶▶P114

前に立ちはだかれたら → ロブパスを要求

極めて激しいなら → ポップアウト

横から激しくつかれたら → リバースターン

インサイドでパスを受けるためには、カラダを張ってボールマンに正対する必要がある。またパスを受けたあとは、背後にいるディフェンスのポジションによっていくつかのセオリーがあるので、状況によって使い分けたい。

どんな場面？

ディフェンスにどちらかに寄られてつかれながらパスを受けた

考え方

空いている方へドロップステップをして、その反応から次のプレーを選択する。

▶▶▶P122

まずは空いている方へ

ドロップステップ

相手が横に動いたら		相手が後退したら
↓	↓	↓
ドロップ＆スイングスルー	ドロップ＆ステップバック	ドロップ＆プルバック

どんな場面？

ディフェンスに真後ろからつかれながらパスを受けた

考え方

ショルダーフェイクからフロントターンへの反応で、次のプレーを選択する。

▶▶▶P132

フロントターン後のポンプフェイクに反応したら	ショルダーフェイクに反応したら
↓	↓
アップ＆アンダー	フロントターン

インサイドでパスを受けるには、パスの出し手であるボールマンに正対してかまえることが大切になる。ここではそのための基本となるセオリープレーを紹介する。

パスの受け方 ▶ インサイドでパスを受ける

ポジション争いを制して ボールマンに正対する

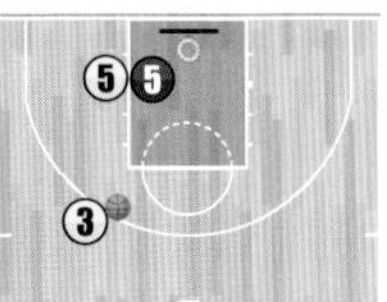

どんな場面? マンツーマンでつかれた相手とインサイドでポジション争いをしている。

考え方 ボールマンに正対したポジションをキープしたい。

腕を上手に使ってディフェンスの前に入る

ダックイン

ディナイの腕を払い ポジショニング

ディフェンスとの陣取り合戦で使う基本的な技。最終的にボールマンに正対したポジションを確保したい。

▸▸▸ P110

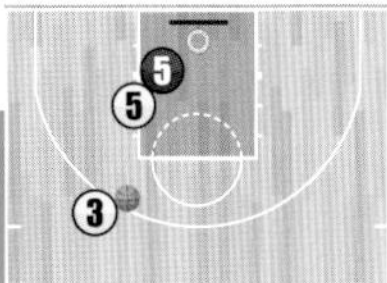

どんな場面? ポジション争いに勝ちディフェンスを背負ってポジショニングを確保している。

考え方 ディフェンスの位置によって体勢を変える。

相手の位置を確認して、押さえながら体勢をつくる

ポストアップ

相手を押さえながら 正しくポストアップ

ポストアップするときは、相手にどの方向からつかれているかを確認して、最適な体勢に整えてポジショニングする。

▸▸▸ P112

ダックイン

こんな場面

ゴール下でディフェンスとポジション争いをしている

ボールマンに正対したポジションを取りたいが、相手がそうはさせまいとカラダを張って阻止しようとしている。

コンタクトしながらポジションを奪う

ゴールに近づくほどディフェンスのプレッシャーは強くなる。そのなかでポジショニングするには、ダックインというマーク相手とコンタクトしながらポジションを奪うテクニックが必要になる。

ポイントは一度相手と向き合い、上げた腕を下ろすことで相手の腕を払い、そのスキに肩と足を相手の前に入れてポジションを取るというもの。

最終的にアウトサイドにいるボールマンに対して正対したポジションを取ることが大切である。

セオリー選択のポイント

マンツーマンでつかれている相手と、インサイドでポジション争いをするときに必須。

ダックインでボールマンに正対したポジションを取る

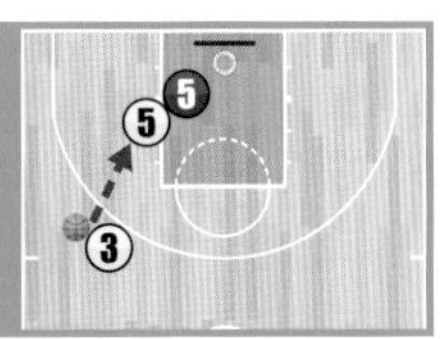

相手と向き合うように立ってから、腕と足を巧みに使い、相手を押さえながら瞬間的に前を取るダックインでポジションを確保する。

相手と向き合ってから腕を上げる

上げた腕を下ろしながら相手の前を取る

両足も大きく広げてお尻で相手を押し込む

相手から遠い方の手でパスを受ける

成功への準備

向き合ってから腕をスイングさせる

一度向き合ってから相手プレッシャーを払い除けるように腕をスイングさせて肩を入れ、足を大きく広げてポジションを確保する。

ポストアップ

こんな場面

ディフェンスを背負いながらポジショニング

ローポストで相手を自分の背後・右・左のいずれかで押さえながらポストアップしている。

適宜体勢を整えてポジションを守る

ローポストでのポストアップは、振り向かれたらゴール下からのシュートに直結するため、ディフェンスチームにとって厄介になる。たとえダックインでポジションを取られたとしても、相手は必死になって奪い返そうとしてくる。

そのため、ポジションを奪い返されないために、背負った相手の位置によって体勢を整えるポストアップを身につける必要がある。相手の位置を確認せずに立っているだけでは、パスカットされてしまうので気をつけよう。

セオリー選択のポイント

インサイドのポジション争いに勝ち、相手を背負ってポストアップしたときに有効。

セオリープレー

ディフェンスの位置によって体勢を変える

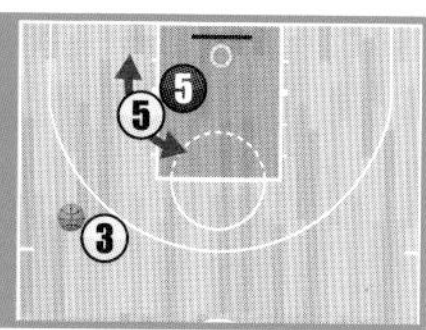

相手が立っているポジションを確認して、しっかり押さえ込みながらポストアップできるように最適な体勢をつくる。

ディフェンスの位置によって体勢を変える

ベースライン側にいる

まずは相手に対して直角にポジションを取る。そして相手に近い方のヒジを曲げて相手の胸に当て、動きを押さえ込む。ターゲットハンドはミドルライン側に示す。

真後ろにいる

両腕を大きく広げて、背中で相手をブロックするようにポストアップする。さらにここからお尻で相手をゴール方向へ押し込む。ターゲットハンドはどちらでもOK。

ミドルライン側にいる

相手に対して直角にポジションを取る。そしてミドルライン側のヒジを曲げて相手に当て、動きを押さえる。ターゲットハンドはベースライン側に示す。

成功への準備

ローポストのブロックをまたぐ

ローポストでポストアップする位置は、ペイントエリアのライン上にあるブロックを目印として、そこをまたぐようにして立つとよい。

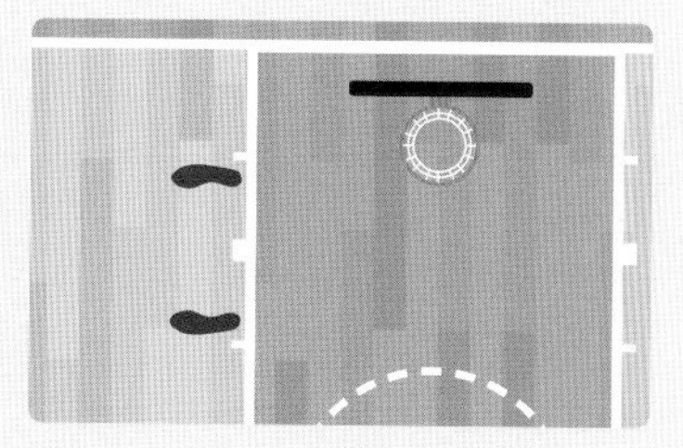

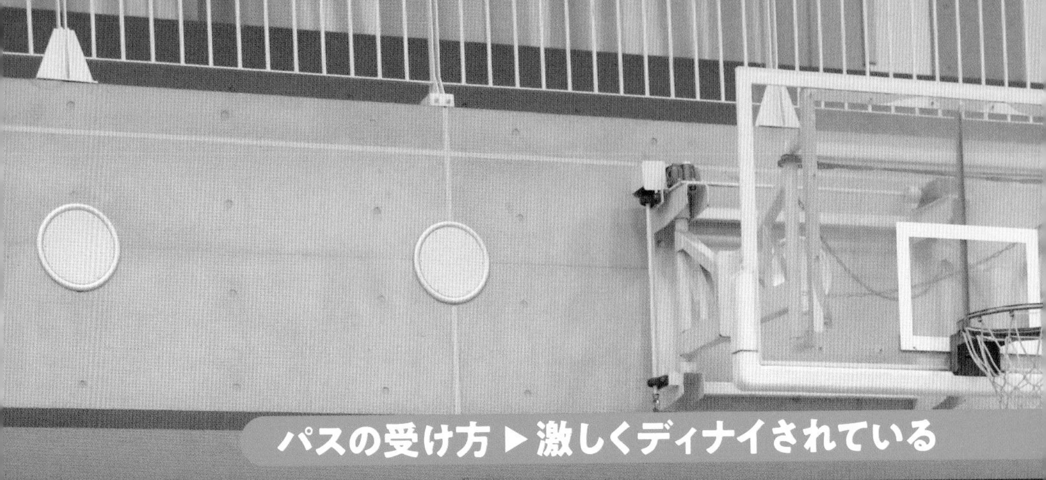

パスの受け方 ▶ 激しくディナイされている

ディフェンスの強度によって3つのセオリーを使い分ける

シュートに直結するゴール下ではボールマンに正対したポジションでボールを受けたいが、ディフェンスはそれを阻止しようとプレッシャーをかけてくる。ここではそのディフェンスのつき方によって使い分ける3つのセオリーを紹介する。

どんな場面?

ディフェンスにディナイで覆いかぶさるようにつかれているが、何とかしてローポストでボールを受けたい。

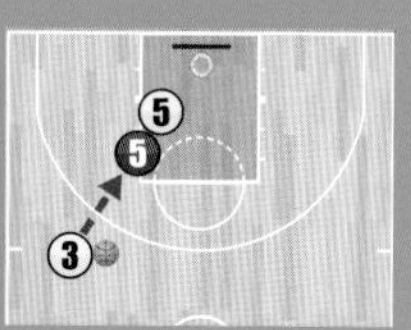

考え方

ディフェンスのつき方から、次のプレーを選択する。

相手が完全に前に立ちはだかり、パスコースをふさがれている

ロブパスを要求

ゴール下のスペースにパスを要求する

自分の前に立ちはだかられたときは、相手を腕で押さえながら、ゴールに近い方の腕でロブパスを要求する。

▶▶▶ P120

ディナイが極めて激しい、またはパスを受けたあとにダブルチームでつかれる

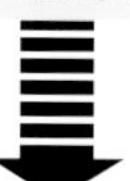

ポップアウト

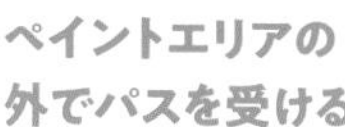

ペイントエリアの外でパスを受ける

ディナイが激しくペイントエリア内ではパスをもらえないときは、外にポップアウトして、リングを向いてパスを受ける。

▶▶▶ P118

横から覆いかぶさるようにディナイされている

リバースターン

ディフェンスの背後に回る

横から覆いかぶさるようにディナイされたら、背後に回るように足を引いてターンをし、ポジションを再確保する。

▶▶▶ P116

リバースターン

こんな場面

ディナイがきついがゴール下でパスを受けたい

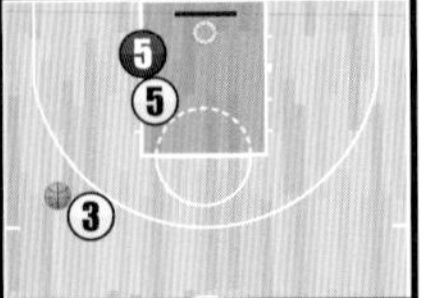

横からディナイディフェンスで強くつかれており、ボールマンに正対したポジションを確保できない。

改めて逆サイドにポジションを取り直す

ローポストでポストアップしても、横からタイトにディナイされてボールマンからのパスコースを確保できないようなときもある。

そのようなときは、相手から遠い方の足を引いて背後に回るリバースターンがセオリープレーになる。

ポイントは相手に背中をつけて小さく、すばやく回ること。すると、相手に対して回る前と逆側にポジショニングできる。ここで改めて体勢を整えることができれば、パスを受けられる。

セオリー選択のポイント

ゴール下で受けたいが、ディナイが激しくパスコースを維持できないようなときに効果的。

セオリープレー

前がかりなディフェンスの裏を取るようにターン

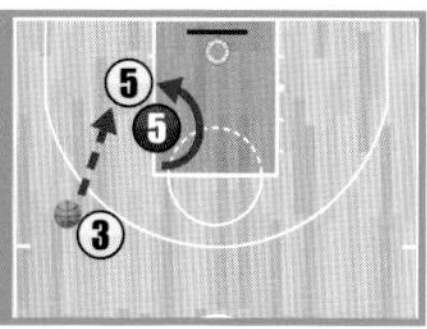

相手から遠い方の足を引き、背後に回るようにターンをする。こうすることで激しくディナイした相手の裏でポジションを再確保することができる。

相手に近い方の腕で押さえながらターゲットハンドを上げる

ベースライン側から激しくディナイされている

ベースライン側の手でパスを受ける

相手から遠い方の足を引いてすばやくターンをする

勝負の核心

背中をつけて小さく回る

ローポストでリバースターンをするときは、相手に背中をつけて、背中で押さえ込むようにしながら小さく速く回るとよい。

ポップアウト

こんな場面

ディナイが極めて激しくインサイドでもらえない

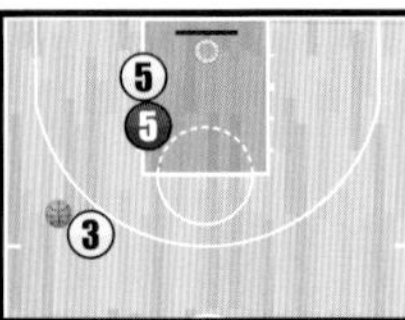

ディナイが極めて激しくポジションをキープできない。またはパスを受けた後にダブルチームでつかれる可能性がある。

中がタイトなときは外から攻撃をつくる

ローポストでポストアップしたものの、ディナイが極めて激しいときや、パスを受けた後にダブルチームで挟まれそうなときは、ショートコーナーへポップアウトするのがセオリープレーになる。

ローポストに固執してもタフショットになるので、ショートコーナーでパスを受けてシュートするか、空いたスペースに飛び込む味方を使った方がよい。自分で決めるだけではなく、ときには外に出て味方を使えるインサイドは、相手にとっても脅威になる。

セオリー選択のポイント

ディナイが極めて激しかったり、パス後にダブルチームになるようなときに試みたい。

セオリープレー

ポップアウトをして ペイントエリアの外でパスを受ける

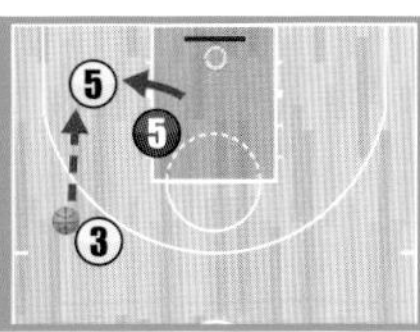

無理に中で勝負するよりもポップアウトして、外でパスを受けた方がリスクが少ない。相手の方がサイズで勝るときにも有効なセオリープレーになる。

1

激しくディナイでつかれておりパスを受けるのが難しい

2

ポップアウトをしてショートコーナーでパスを受ける

すばやく足を引いてゴールを向く

ディフェンスが寄ってくる前にシュート

成功への準備

ギリギリまで 相手を押さえる

フリーでシュートを打つ距離を保つためには、ポップアウトをする直前まで相手に近い方の腕でしっかりと相手を押さえておくこと。

パスの受け方

激しくディナイされている C

ロブパスを要求

こんなな場面

パスコースをふさぐように前に立たれた

相手はディナイをせずに、パスコースを完全にふさぐために前に立ってきた。

ボールが落ちてくるまでは我慢する

ローポストでポストアップしている状況で、相手がパスコースをふさぐために完全に前に立ちはだかってきたら、ゴール下にロブパスを要求するのがセオリーになる。

ポイントは、相手に近い方の腕を相手の背中に当てて押さえること。これができればロブパスに対して相手は手が出ない。また、ボールが落ちてくるまでは相手を押さえておくことも大切だ。すぐに相手から離してボールを取りに行くと、相手も向きを変えてパスカットを狙ってくる。

セオリー選択のポイント

相手が完全に前に立ちはだかり、パスコースをふさがれたようなときこそチャンス。

セオリープレー

ディフェンスの逆をつき ゴール下にロブパスを要求

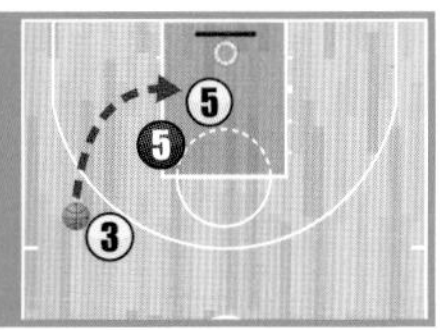

本来ならディフェンスの前に立ちボールマンと正対したいが、相手が完全に前に立ったようなときは、逆をついてゴール下でロブパスを受けるのがセオリーとなる。

前に立たれたのでロブパスを要求する

ギリギリまで右腕で相手を押さえておく

相手を押さえた腕を上げてボールを取りにいく

右手でボールをキャッチしてシュートへ向かう

勝負の核心

相手側の手でパスをキャッチ

ターゲットハンドを上げるのは相手から遠い方の手だが、実際にキャッチするのは相手に近い方の手。こうすることでギリギリまで相手を押さえることができる。

受けた後の動き▶ディフェンスがどちらかに寄っている

背負った相手と逆方向へドロップステップを仕掛ける

ポジション争いを制して相手を背負いながらパスを受けた。このとき、相手が左右のどちらかに寄っている場合は、相手がいる方とは逆方向へのドロップステップを足掛かりに攻撃を展開するのがセオリーとなる。

どんな場面？

インサイドで、背後のディフェンスが左右のどちらかに寄っている状態で1対1を仕掛けたい

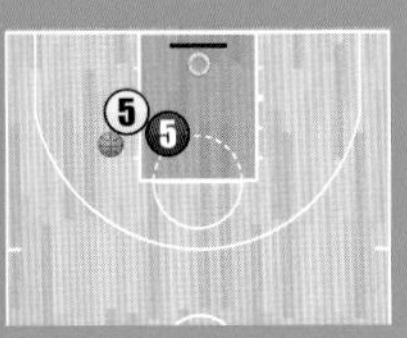

考え方

ドロップステップへの反応から、次のプレーを選択する。

横にずれ ゴール下への進路をふさいだ

ドロップ＆スイングスルー

ステップした足を横へスイングさせる

相手がドロップステップの進路をふさいできたら、ステップした足をさらに横へスイングさせて逆をつく。

▶▶▶ P130

ドロップ＆ステップバック

後ろにステップして離れてシュート

ドロップステップ後に後ろに大きくステップすることで、相手から離れてシュートが打てる。

▶▶▶ P128

ゴール下への侵入を警戒して後退した

ドロップ＆プルバック

すばやく足を引きジャンプシュート

相手がゴール下への侵入を警戒して後退したら、ドロップステップした足を引いてジャンプシュート。

▶▶▶ P126

ドロップステップに反応が薄い

ドロップステップ

最初にやるべき基本のセオリー

片方に寄っているので空いている方へステップ。反応が薄ければそのままシュート。

▶▶▶ P124

ドロップステップ

こんな場面

ディフェンスがミドルライン側に寄っている

インサイドでパスを受けた。ディフェンスにはミドルライン側からつかれている。

空いている方へ足を引いてステップ

ローポストでパスを受け、ディフェンスがミドルライン側からついてきた。このようなときは、空いているベースライン側の足を引くドロップステップがセオリーになる。ステップと同時に強くワンドリブルつき、ゴール下へ侵入しよう。これはディフェンスが左右に寄っているときに、まず試みるプレーであり、このプレーに対する相手の反応によって、次のプレーが枝分かれする。ステップの前に逆方向へショルダーフェイクを入れるとさらに決まりやすい。

セオリー選択のポイント

インサイドでディフェンスが左右のどちらかに寄った状態でついてきたときに有効だ。

セオリープレー

ベースライン側にドロップステップしてゴール下でシュート

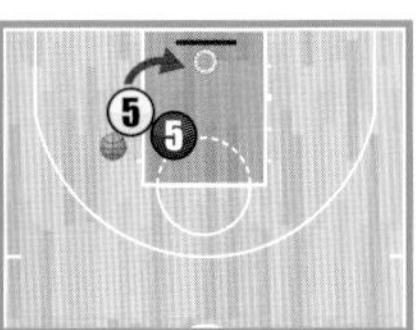

相手がミドルライン側からついているので、ベースライン側へドロップステップをする。同時にワンドリブル強くつき、ゴール下へ侵入する。

1

ディフェンスから遠い方のターゲットハンドに向けてパス

パスを受けたらミドルライン側にショルダーフェイク

すばやくドロップステップから反転する

足を大きくふみ出し相手を押さえてゴール下へ侵入

勝負の核心

ドロップステップで相手をまたぐ

相手をまたぐようにドロップステップした足を大きく踏み出せば、相手を背中で押さえ込むことができる。歩幅が小さいとステップ後に相手に前へ入られてしまう。

ドロップ&プルバック

こんな場面

ゴール下を警戒してディフェンスが後退した

ミドルライン側からつかれているのでベースライン側へドロップステップしたら、ディフェンスが大きく後退した。

基本となるセオリーの裏をかくプレー

インサイドでボールを受けた場合、ディフェンスがいない方へドロップステップをふみ、ゴール下でシュートするのは基本のセオリープレーだ。しかしこれはディフェンスにも対応されやすく、先読みして後退し、ゴール下への侵入を阻止しようとするだろう。

そこで、ディフェンスが大きく後退したのを確認したら、ドロップステップした足をすばやく引き戻し、その場でシュートを狙う。セオリーの裏をかくプレーとして、いつでも使えるようにしておこう。

セオリー選択のポイント

ドロップステップに対してディフェンスが後退し、シュートの間合いができたら狙おう。

セオリープレー

ドロップステップした足をすぐに引いてジャンプシュート

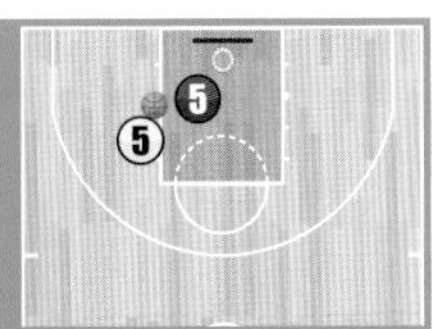

ゴール下への侵入を警戒し、大きく後退したディフェンスとの間に距離ができたら、すかさずドロップステップした足を引き戻す。

ディフェンスはミドルライン側からついている

ドリブルをつきすばやくドロップステップをふむ

ディフェンスが大きく後退してレイアップシュートを警戒

ドロップステップした右足を引き戻しその場でシュート

勝負の核心

相手の後ろ足に体重が乗ったらチャンス!

ディフェンスが後退して後ろ足に体重が乗ったら、シュートチェックがワンテンポ遅れるので、迷わずシュートを狙っていこう。

ドロップ&ステップバック

こんな場面

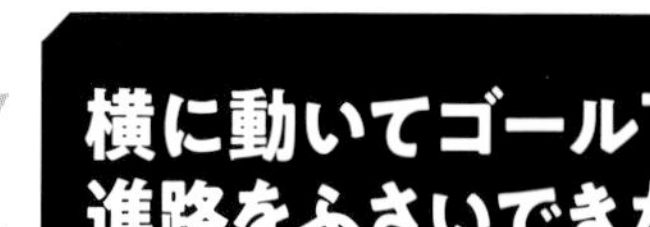

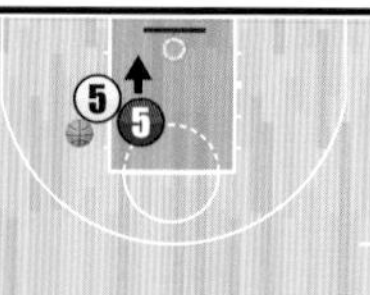

横に動いてゴール下への進路をふさいできた

ドロップステップからゴール下へ向かう進路をふさぐため、相手がすばやくベースライン側にスライドしてきた。

自ら後ろに下がり間合いをつくる

ドロップステップと同時に強くワンドリブルついたときに、ディフェンスが横に動いて進路をふさいできたら、ボールを両手でつかみ2歩目のステップで大きく後ろに下がるドロップ&ステップバックがセオリーになる。

相手が後退したら足を戻すだけのプルバックでシュートの間合いをつくれるが、横にスライドされたときは、自ら後ろに下がるステップバックでシュートの間合いをつくる。相手の対応によって上手に使い分けられるようになろう。

セオリー選択のポイント

ゴール下でのドロップステップに対して、相手が横に動き進路をふさいできたらチャンス。

後ろにステップして ディフェンスから離れてシュート

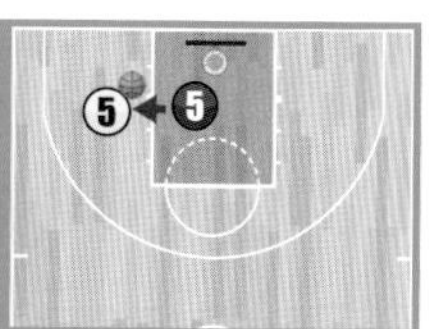

ワンドリブルつきながらドロップステップしたあとに、2歩目のステップを大きく後ろに踏むことで、相手から離れてシュートが打てる。

ミドルライン側からつかれながらパスを受けた

ドロップステップをして1歩目の着地

2歩目のステップで後ろに大きく離れる

相手と距離を取ってジャンプシュート

成功への準備

1歩目でゴール下へ向かう意思を見せる

強くボールをつきながらドロップステップをし、1歩目でゴール下への意思を見せる。これによって相手の体重が後ろ足に乗りステップバックへの対応が遅れる。

ドロップ&スイングスルー

こんな場面

相手がすばやく横に動き進路をふさいできた

相手にミドルライン側からつかれていたのでベースライン側へドロップステップをしたが、すばやくスライドされ進路をふさがれた。

足をスイングさせてスペースに踏み出す

相手がドロップステップに反応し、横に動いて進路をふさいだときの選択肢はステップバック（P128）以外にもうひとつある。ただし、これはドリブルをつかずにステップしたときに限られる。

このときのセオリーは、ステップした足を横にスイングさせるドロップ&スイングスルーだ。

ポイントはドロップステップをした低い姿勢のまま足をスイングさせること。上体が起き上がると、相手に間合いを詰められるので注意しよう。

セオリー選択のポイント

前ページ同様に、ドロップステップに対して進路をふさぐように横に動いてきた際に有効。

セオリープレー

すばやく引いた足を逆サイドに出してドリブルからシュート

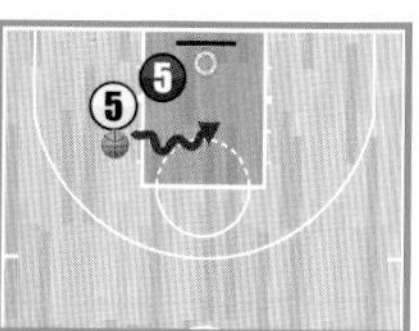

相手がスライドしたことで元々いた場所がスペースとなった。そのためドロップステップした足をスイングさせ、そのスペースへと踏み出してゴール下へ侵入する。

パスを受けたらベースライン側へドロップステップ

相手はゴール下への侵入をふせぐため横にずれた

スライドしたことで空いたミドルライン側へ足をスイング

ミドルライン側からゴール下へ侵入してシュート

勝負の核心

足とボールを大きく動かす

スイングする足は大きく踏み出し、同時にボールも大きく動かすことで、スティールを回避しながら勢いよくゴール下へ侵入できるようになる。

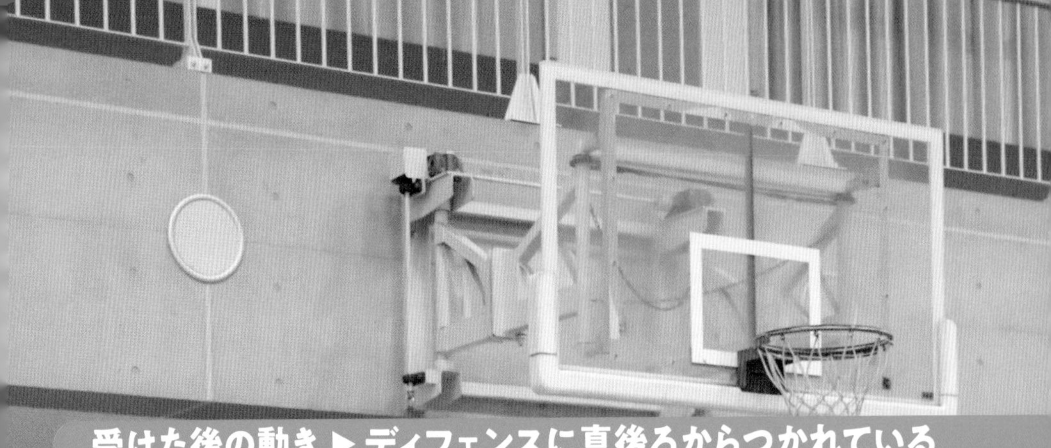

受けた後の動き ▶ ディフェンスに真後ろからつかれている

フェイクからフロントターンで背後のディフェンスを動かす

背後のディフェンスがどちらかに寄ることなく真後ろからピッタリついてきた場合は、ショルダーフェイクを入れてからフロントターンをしてゴールを向き、攻撃を展開するのがセオリーとなる。

どんな場面?

インサイドで、ディフェンスに真後ろからつかれている状態で1対1を仕掛けたい。

考え方

ショルダーフェイクからフロントターンへの反応で、次のプレーを選択する。

フロントターン後のポンプフェイクに反応した

アップ＆アンダー

複数の技を続けて相手を惑わす

フロントターンからポンプフェイクをして相手が跳んだら、すかさずピボットをしてドリブルをつく。

▶▶▶ P136

ショルダーフェイクに反応した

フロントターン

最初にやるべきセオリープレー

背負った状態でショルダーフェイクをしてから、すばやく反対側へフロントターンをしてゴール下へドリブルをつく。

▶▶▶ P134

フロントターン

こんな場面

ディフェンスに真後ろからつかれている

インサイドで相手を真後ろに背負った状態でパスを受けた。ここからゴールに向かって仕掛けたい。

相手を後手に回らせるショルダーフェイク

ローポストでパスを受け、相手に真後ろからつかれた場合は、フロントターンがセオリーになる。ゴール下にいるので、振り向けさえすればシュートが打てる。

ポイントは必ずターンとは逆方向へショルダーフェイクを入れること。これはフロントターンに限らず、インサイドでステップやターンをするときには必ずおこないたい。前を向かれたら打たれるため、相手は反応せざるを得ないので、その後の対応がワンテンポ遅れることになる。

セオリー選択のポイント

インサイドで相手を真後ろに背負った状態でパスを受けたらまずやるべきプレー。

ショルダーフェイクから フロントターンをして仕掛ける

真後ろに背負っている場合は、まずフロントターンをする方とは逆側へショルダーフェイクを入れる。そしてそこから一気に180度回るようにフロントターンをしてゴールを向く。

ディフェンスを真後ろに背負いながらパスを受ける

ベースライン側へショルダーフェイクを入れる

ミドルライン側へすばやくフロントターンをする

ワンドリブルついてゴール下へ侵入する

成功への準備

フロントターン前に フェイクを入れる

フロントターンの前に逆方向へフェイクを入れると、相手はわかっていてもフロントターンへの反応がワンテンポ遅れるので、必ず入れるようにしよう。

3-11

受けた後の動き

ディフェンスに真後ろからつかれている B

アップ&アンダー

こんな場面

フロントターンからポンプフェイクをした

インサイドで背負った相手にフロントターンからポンプフェイクをしたら、相手はフェイクに引っ掛かり腰が浮いた。

高確率で決まるダブルフェイク

ゴール下で前を向かれることは即シュートにつながるため、ディフェンスはこちらのプレーに対して即座に反応する。つまり、そのプレーがフェイクであってもかなりの確率で引っかかる。このアップ&アンダーはその特性を利用して、ふたつのフェイクを入れたセオリープレーとなる。

まずは背負ったときのショルダーフェイク。そしてフロントターン後のポンプフェイク。ふたつのフェイクで相手を翻弄(ほんろう)し、ゴール下から確実にシュートを狙おう。

セオリー選択のポイント

真後ろに背負った相手にフロントターンをして、向き合ったようなときがチャンス。

セオリープレー

ポンプフェイクに反応したらピボットを踏みゴール下へ

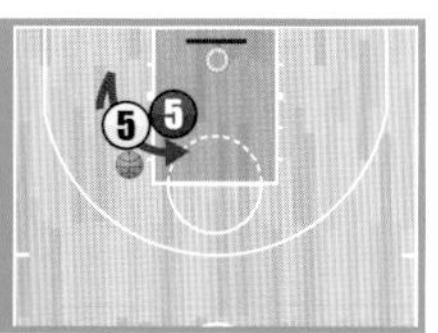

フロントターンをすると同時にポンプフェイクを入れて相手が反応をして跳んだり腰が高くなれば、すかさずピボットを踏みゴール下への侵入を試みよう。

相手を真後ろに背負ってパスを受けた

フロントターンと同時にポンプフェイク

相手が跳んだらすかさずゴール下へピボットを踏む

ドリブルをついてゴール下から確実にシュート

勝負の核心

ポンプフェイクではヒザを曲げておく

ポンプフェイクをしてボールを上げるときにヒザを伸ばしてしまうと、次の動作が遅れてしまうのでヒザは曲げたままおこなうこと。

コラム
COLUMN

バスケットボール選手の食事③

パフォーマンスを上げるために運動前後で摂るべき食事

試合や長時間のハードな練習をおこなうときは、運動の前後や休憩時に摂る食事にも気を配りたい。

運動前の食事は、カラダを動かすエネルギーとなるおにぎりやパスタ、バナナなど糖質を中心とした食事を遅くとも2時間半前に済ませること。これは食事直後に上がった血糖値を通常の値まで下げるのに2時間程度かかるためだ。血糖値が高いまま運動をするとカラダが重く感じられる。ゼリーや100％果汁ジュースは消化が速いので30分程度前でもよい。肉や揚げ物などは脂質が多いと消化に時間がかかるので避ける。

運動中にはスポーツドリンクやゼリーで水分とともに糖質や汗で流れたミネラルを補給する。

運動後は、筋肥大や疲労回復を促すため、肉や魚、米やパスタ、果物などからタンパク質と糖質を摂取。高強度の運動後は筋肉がつくられやすいので、積極的にタンパク質を摂りたい。

アスリートであれば、空腹を満たすだけのために食事をするのではなく、目的を持って食事をし、自身の運動パフォーマンスを最大化させることに努めよう。

運動前後の食事

運動前

運動中

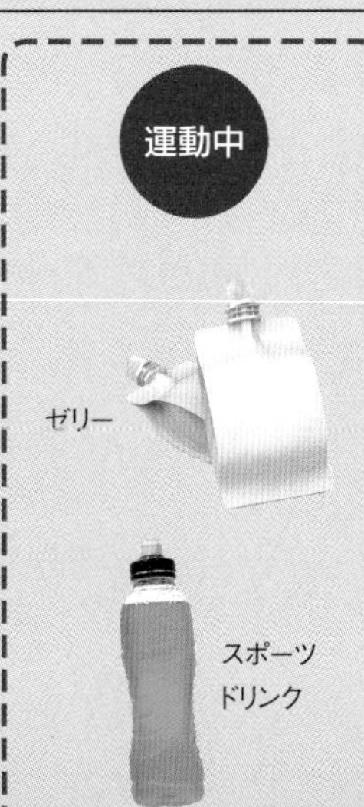

運動後

4章

ディフェンスとリバウンドのセオリー

この章ではマンツーマンディフェンスとディフェンスリバウンド時のセオリープレーを紹介する。受け身ではなく攻めのディフェンスで相手にプレッシャーをかけ続けて、 攻撃のチャンスをたぐり寄せよう。

相手の選択肢を狭めるディレクションとボールライン

ターンオーバーやタフショットを誘う

マンツーマンディフェンスでボールマンにプレッシャーをかけるときは、どの方向に追い込むかチームとして共有しておく必要がある。これをディレクションとよぶ。ポイントはサイドラインとベースラインを利用すること。たとえばトップの位置でボールを持たれると、ドリブルやパスの選択範囲は360度だが、サイドラインに追い込むとその範囲は180度になり、コーナーでは90度になる。

このディレクションはチームによって多少方針の違いはあるが、基本的にはペイントエリアに侵入させずに外へ追い出すか、ほかのディフェンスがいる方へ追い込むのがセオリーになる。この狙いをチームで共有することが相手の選択肢を狭め、ターンオーバーやタフショットを打たせることにつながる。

また、ディフェンスではボールラインという考え方も理解しておきたい。これはボールと両サイドラインを結んだ仮想のラインであり、ディフェンスはこのラインに合わせてポジションを調整する必要がある。具体的には、ボールラインがハイポストにあるときはアウトサイドの選手はライン上まで下がりボールマンを挟み、ボールがコーナーに落ちてベースライン近くにあるときは、とくにヘルプサイドのインサイドにいる選手はライン上まで下がりピストルで構えることを怠ってはいけない。

相手を追い込むためのルール

ルール① サイドラインやベースラインを味方につける

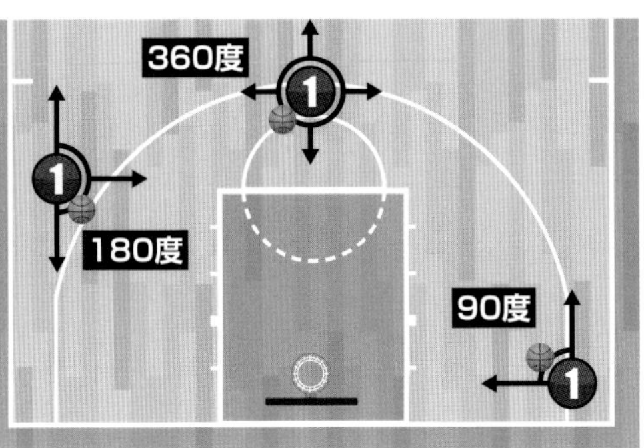

ボールの位置によって選択範囲は変わる

ミドルレーンでボールを保持されるとどの方向にもボールを展開されるが、サイドレーンであれば、ラインがあるのでその方向が限定される。そのためディフェンスとしては相手の選択肢を狭めるように、できるだけライン際へと追い込みたい。

ルール② チームでディレクションの共通理解を持つ

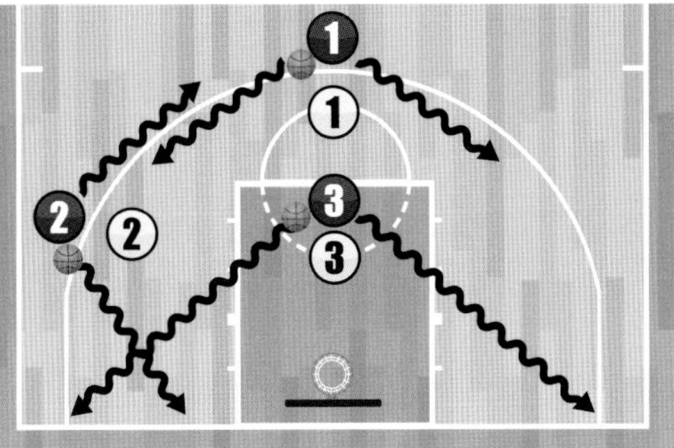

ライン際や人がいる方へ追い込んで行く

トップの位置で持たれたらウイング方向へ追い込むことでサイドラインやウイングにいるディフェンスと挟む。ウイングの位置で持たれたら、ショートコーナーかトップへ誘導。ハイポストで持たれたら、ペイントエリアへの侵入を防ぎコーナー方向へ追い込む。

ルール③ ボールラインに合わせてポジションを調整する

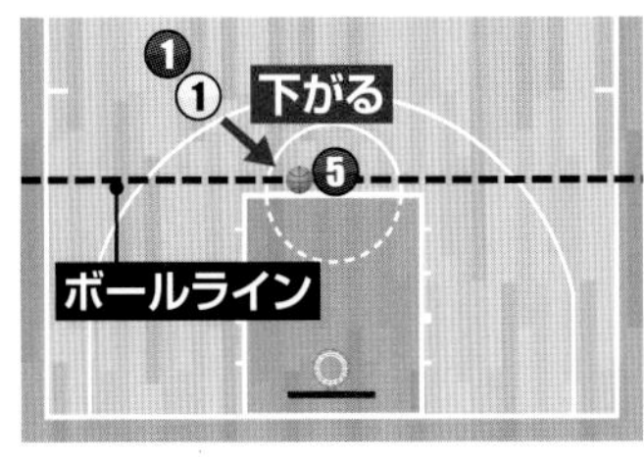

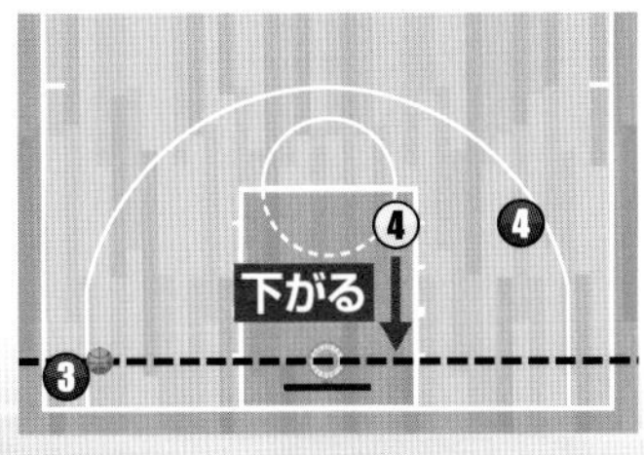

ボールに合わせて人も上下に動く

ボールラインと連動してポジションを調整する。とくにハイポスト時のアウトサイドの選手や、コーナーでのヘルプサイドの選手は意識しよう。

得点期待値の高いペイントエリアへの侵入を防ぐディフェンスをする

積極的に守り3つの経路を断つ

ディフェンスと聞くと受け身に捉えがちだが、実際にはディフェンスにこそ積極性が求められる。目の前のプレーにリアクションするだけでは後手に回り、ボールを奪えない。

相手に思い通りのプレーをさせないためには、ライン側へ追い込み、プレーの選択肢を狭めることが大切だ。

オフェンスのセオリーは得点期待値の高いプレー。つまりペイントエリア内へ侵入しゴール近くからのシュート。

するとディフェンスとしては、いかにペイントエリア内への侵入を防ぐかを考える必要がある。主な侵入経路は3つ。

ひとつ目はポストアップしている選手へのパス。長身選手がいると簡単にシュートされるので、パスを入れさせないようにディナイをタイトにしたい。しかし一試合を通して守り切ることは難しいので、パスを入れられたときは必ずダブルチームで挟むなどの対策を取る。

ふたつ目はドライブ。これは各自が抜かれないように守ることが前提だが、それでも抜かれる場面は必ずある。そのときは必ず周囲の選手がヘルプディフェンスに行き、ペイントエリア手前でドライブを止める。

最後はカット。ボールとは反対のヘルプサイドから飛び込んでくることも多いので、油断せず飛び込む相手にカラダを当てるバンプで侵入を防ぐ。

ペイントエリアへの侵入経路

経路① ポストプレーで侵入してくる

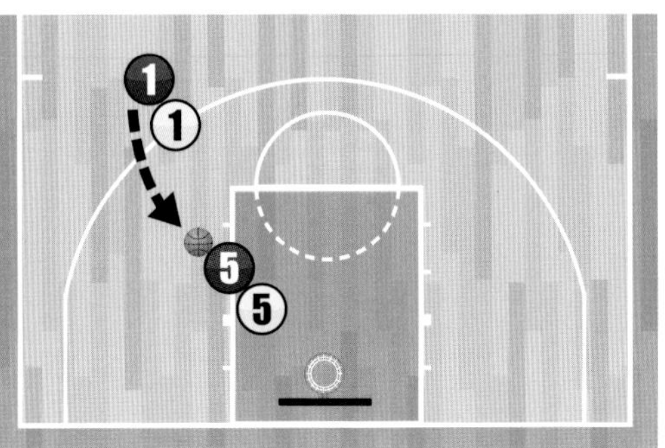

ポストアップした選手にパスを入れる

ハイポストやローポストでパスを受けることで侵入してくる。この場合は、タイトなディナイでポストへのパスをけん制するか、パスが入ったらダブルチームで挟む。

経路② ドライブで侵入してくる

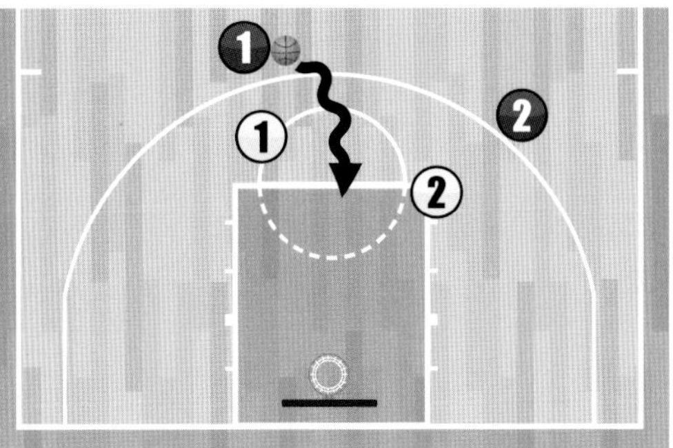

アウトサイドからドリブルで侵入

ボールを持ったアウトサイドプレイヤーが自身のマークを抜いて侵入してくる。この場合は、周囲のプレイヤーがヘルプに行く。

経路③ カットで侵入してくる

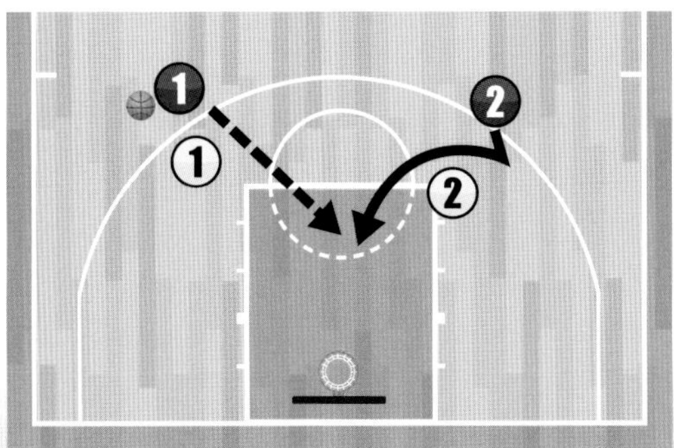

オフボールの選手がゴール方向へ走る

オフボールのプレイヤーがゴールに向かってカットをして侵入してくる。この場合は、マークマンがバンプをしてカットを止める必要がある。

ボールが遠いからと油断せずにやるべきことをこなす

ボールから離れた選手が成否を決める

マンツーマンディフェンスの成否は、ボールマンへのディフェンスではなくヘルプサイドのディフェンスで決まる。

つまり、ボールから離れたところで守っている選手の動きが重要なのだ。ヘルプサイドにいるディフェンスは、ミドルラインに寄るのがセオリー。そこでボールと自分のマーク相手を指したピストル（P156）という形でかまえる。ここでは主に3つの役割をこなす必要がある。

ひとつ目は自分のマークマンへのバンプ。パスを受けようとゴール方向へカットしたら、すかさずペイントエリア手前でカラダを当てて進路をふさぐ。

ふたつ目はドライブに対するヘルプ。1試合を通して一度もボールマンに抜かれないということは現実的に難しい。そこで抜かれたらすぐにヘルプをして、ペイントエリア手前で止めたい。

最後は自分のマークマンへパスが渡ったときのチェック。フリーでシュートを打たれないためにも一気に距離を詰める必要がある。これをクローズアウトとよぶ。しかし相手がドライブをするとカウンターになるため、相手のシュート力やドライブ力から得点期待値を考慮して対応する必要がある。目安としては3Pシュートが30％以上入る選手であればクローズアウトをする。それ以下であれば距離を詰めてから、ドライブに対応できるポジションを取る。

ヘルプサイドの役割

ヘルプサイドの役割① 自分のマーク相手へのバンプ

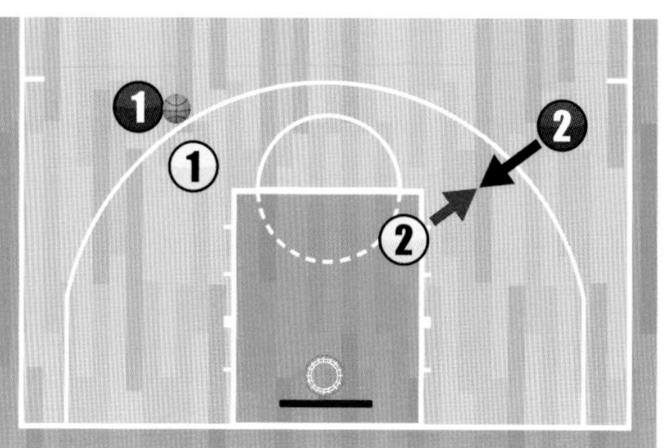

エリアへの侵入をカラダを張って止める

マーク相手のプレイヤーがバックドアなどのカットの動きでペイントエリアへ走り込んだ場合は、バンプをしてカットを止める。

ヘルプサイドの役割② ボールマンのドライブへのヘルプ

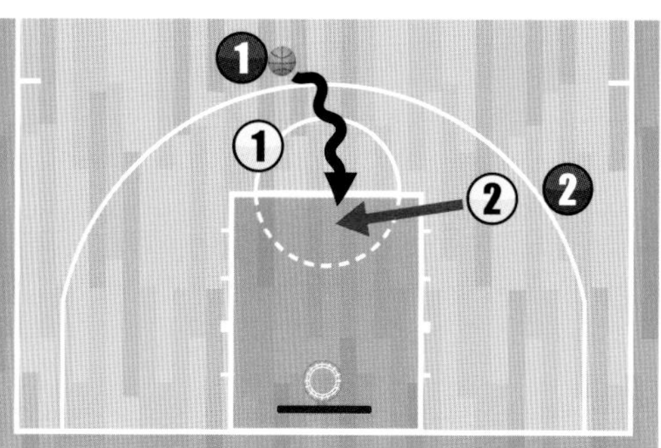

ドライブされたらエリアの手前で止める

ボールを持ったアウトサイドプレイヤーがドライブを仕掛けてきたら、シュートに行かれる前にヘルプに行きドライブを止める。

ヘルプサイドの役割③ すばやいクローズアウト

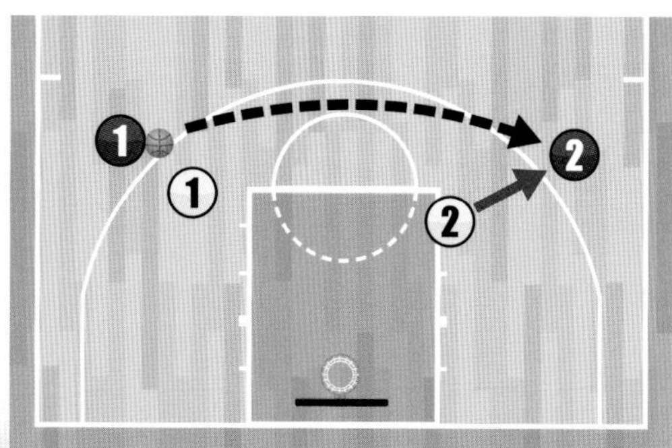

マークマンに対して即座に距離を詰める

スキップパスで自分のマークマンにパスが渡ったら、フリーでシュートを打たせないために、すばやくクローズアウトしてチェックをする。

リバウンドが落ちる場所にはおおよその傾向がある

リバウンドの数字が勝敗に大きく影響する

ディフェンスリバウンドを取れば、相手チームに余分なシュートを打たれることなく自チームの攻撃ターンにできる。

オフェンスリバウンドを取れば、1回の攻撃で2回のシュートが打てる。このようにリバウンドはシュート回数に直結しており、勝敗を決定づける大きな要因となる。

とくにプロと比べてシュート成功率が低い中高生の試合では、その影響はとても大きい。

放たれたシュートがどこに落下するのかについては、実はある程度予測を立てることができる。経験者であれば何となくわかっている人もいると思うが、予測には5つの材料がある。

まずはシュート位置。外れたボールは、シュートした場所の真逆に落ちるか、シュートした場所に戻ってくる傾向がある。

次はシュート距離。長距離になるほど大きく跳ね返り、近距離になれば近くに落ちる。

次はボールの軌道。アーチが高くなれば近くに落ち、アーチが低ければ遠くに落ちる。

その次はボールの回転数。バックスピンが強くかかったボールは近くに落ち、そうでないと遠くに落ちる。

最後はシューター自身の能力。シュートがうまい人ほどボールは近くに落ち、シュートが苦手な人ほど予想外の動きになり、ときにはリングに当たらないこともある。

落下地点を予測する材料

材料① シュートされた場所

ウイングからシュート

➔ ヘルプサイドに落ちる

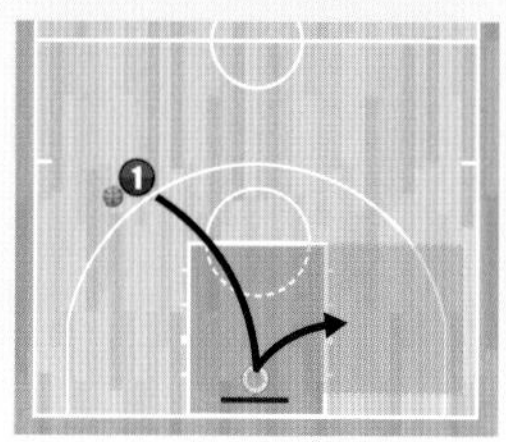

トップからシュート

➔ ミドルレーンに落ちる

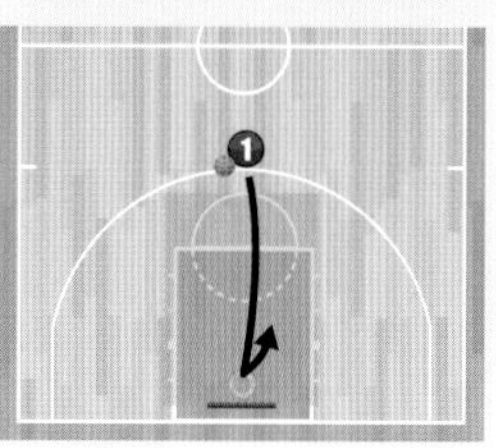

コーナーからシュート

➔ 反対側かゴール正面に落ちる

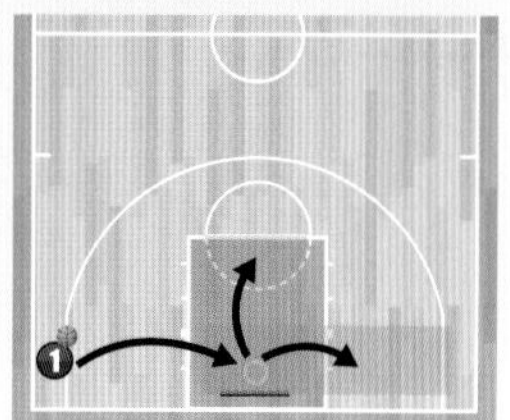

材料② シュートの距離

長距離

➔ 大きく跳ね返る

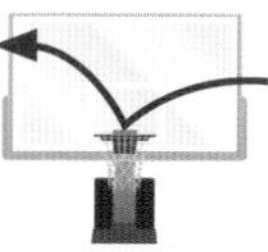

近距離

➔ すぐに落ちる

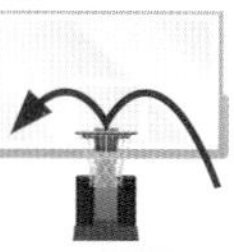

材料③ ボールの軌道（アーチ）

高い軌道

➔ 近くに落ちる

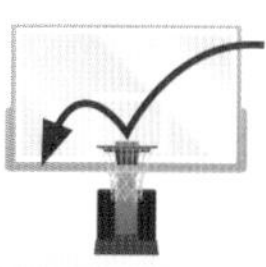

低い軌道

➔ 遠くに落ちる

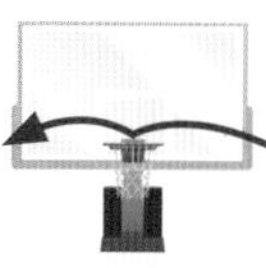

材料④ ボールの回転（スピン）

回転数多い

➔ 近くに落ちる

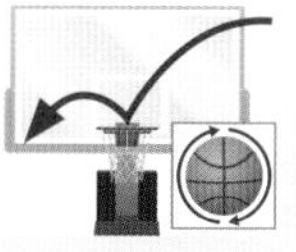

回転数少ない

➔ 遠くに落ちる

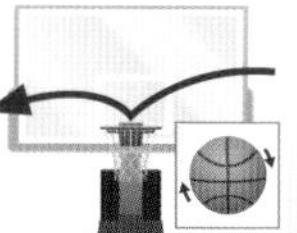

材料⑤ シューターの能力

能力高い

➔ 近くに落ちる

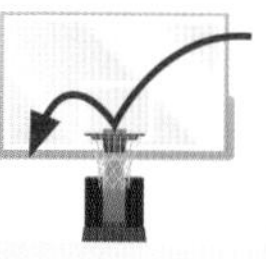

能力低い

➔ 予測不能

次のプレーは何を選択する？

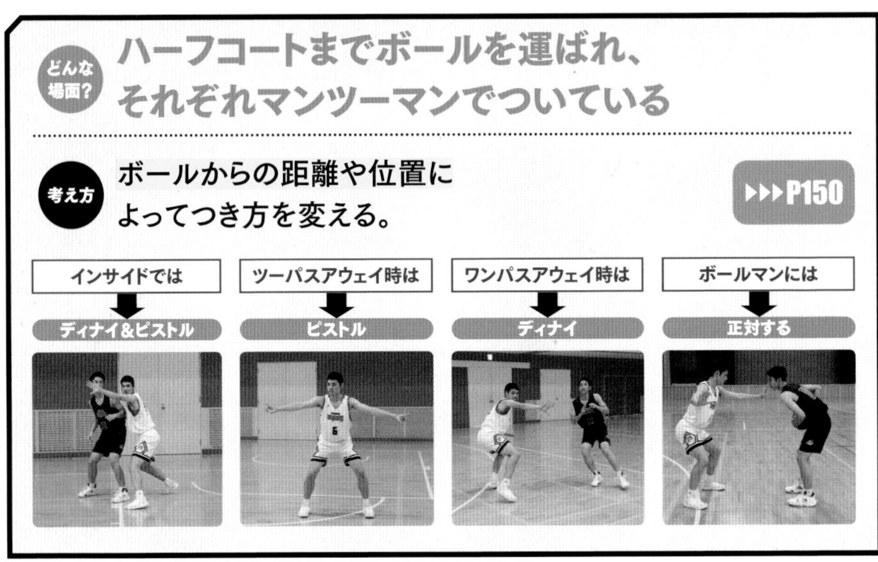

どんな場面？ **ハーフコートまでボールを運ばれ、それぞれマンツーマンでついている**

考え方 **ボールからの距離や位置によってつき方を変える。**

▶▶▶P150

- インサイドでは → ディナイ&ピストル
- ツーパスアウェイ時は → ピストル
- ワンパスアウェイ時は → ディナイ
- ボールマンには → 正対する

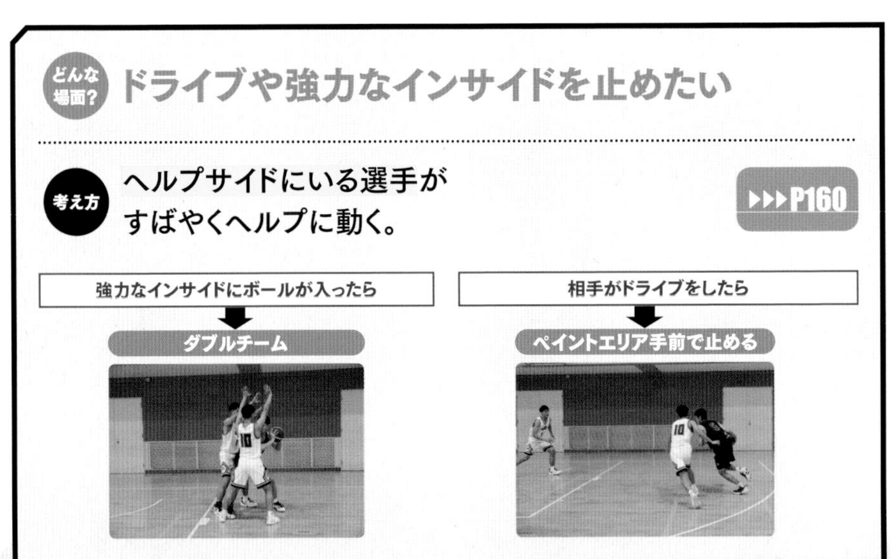

どんな場面？ **ドライブや強力なインサイドを止めたい**

考え方 **ヘルプサイドにいる選手がすばやくヘルプに動く。**

▶▶▶P160

- 強力なインサイドにボールが入ったら → ダブルチーム
- 相手がドライブをしたら → ペイントエリア手前で止める

マンツーマンディフェンスは、ボールからの距離によってつき方がかわり、またボールから遠い選手はヘルプという役割も担うことになる。またリバウンドはシュート回数に直結するため積極的に取りに行くこと。

どんな場面?

マンツーマンが機能して相手はタフショットを打つしかなくなった

考え方

ディフェンスリバウンドは確実に取り速攻につなげる

▶▶▶P166

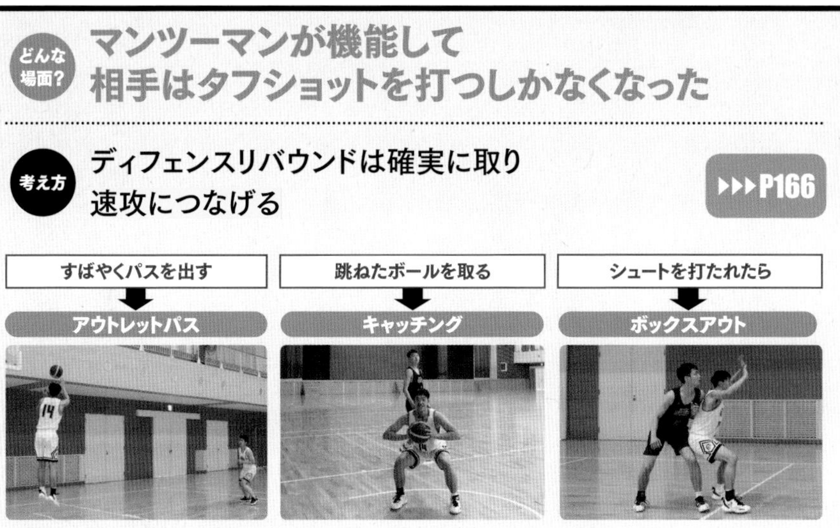

マークにつく ▶ マンツーマンディフェンス

ボールからの距離や位置で相手へのつき方を変える

マンツーマンディフェンスでは、ボールからの距離によってつき方が変わる。ボールに近い人ほどタイトになり、ボールから遠い人は、自分のマークマンを視野に入れつつも少し離れ、ボールマンへのヘルプも求められる。

どんな場面？

ハーフコートまでボールを運ばれ、それぞれマンツーマンでついている。

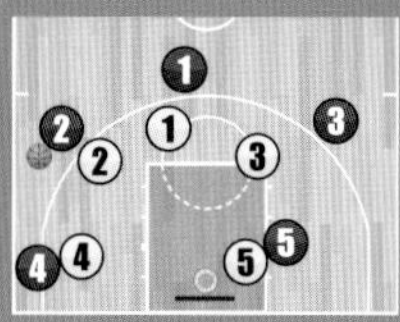

考え方

ボールからの距離や位置によってつき方を変える。

ボールマンへのディフェンス

ボールマンにつく

ボール保持者には正対してつく

自分のカカトとつま先が平行になるように片方の足を前に出して正対してつく。

▶▶▶ P152

ワンパスアウェイ時のディフェンス

ボールから近い人につく

ワンパスアウェイではパスコースを消す

ボールとマークマンを同時に視野に入れ、パスコースに片方の腕を伸ばす。

▶▶▶ P154

ツーパスアウェイ時のディフェンス

ボールから遠い人につく

ツーパスアウェイはミドルレーンに寄る

ボールとマークマンの両方を指差してつくが、ヘルプにも行けるようにミドルレーンに寄る。

▶▶▶ P156

インサイドのディフェンス

インサイドでつく

インサイドではディナイとピストル

ボールサイドではディナイでつき、ヘルプサイドではピストルでつく。

▶▶▶ P158

ボールマンへのディフェンス

ゴールラインとは？

ボールとゴールを結んだ仮想の線をゴールラインとよぶ。ボールマンに対するマンツーマンディフェンスでは、ゴールライン上にポジショニングする。

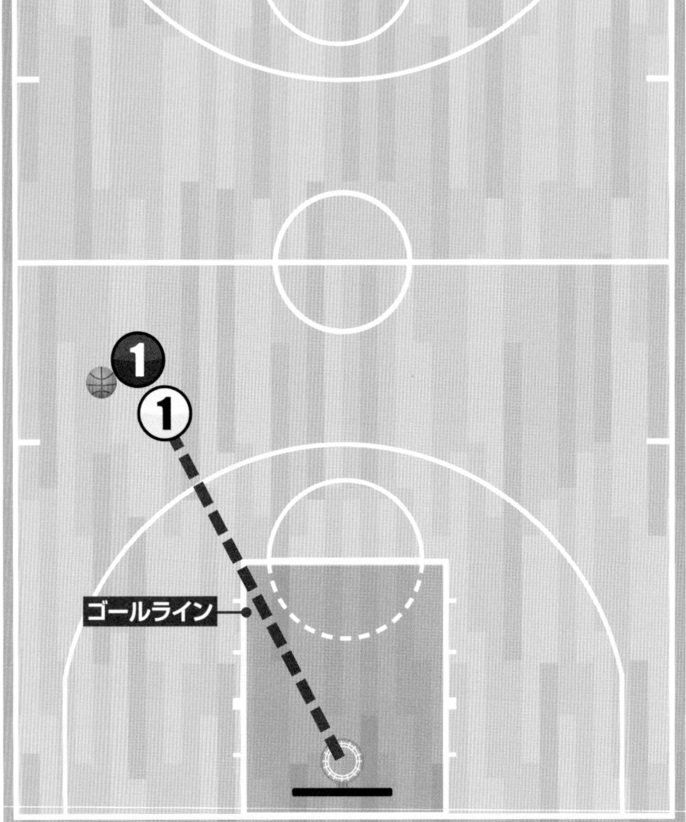

シーンによってつき方を変える

ボールマンへのディフェンスは、シーンによってつき方が異なる。

ドリブル前は、ボールとゴールを結んだゴールライン上に立ち、そこから腕1本分離れて正対してつく（スクウェアスタンス）。

ドリブル中は、足を半歩ずつスライドさせながらついていき、いつでもスティールできるようにボールをなぞるように片方の手を動かす。

ドリブル後は、ピボットをさせないように密着してプレッシャーをかける。

状況判断のポイント

マンツーマンでついている状況で、自分のマークマンがボールを保持したときにおこなう。

スクウェアスタンス（ドリブル前）

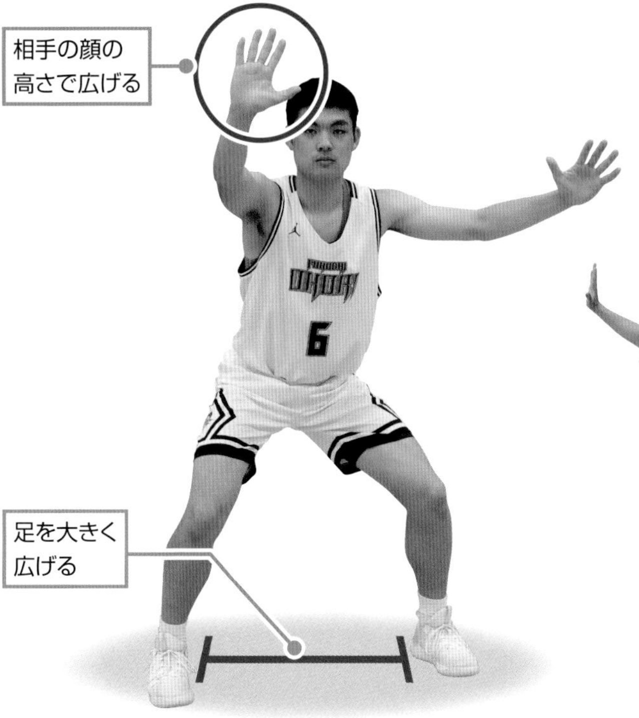

相手の顔の高さで広げる

ドリブル前は相手の動きにすばやく対応できるように、腰を落として広げた足を少し前後させる。

背すじを伸ばす

足を大きく広げる

ボールマンの状況により体勢を変える

ドリブル中は半歩先に足をスライドさせながらつく

ドリブル方向の半歩先に足をスライドさせながらつく。また片方の手はいつでもスティールできるように、ボールをなぞるように動かす。

ドリブル後はすばやく近づき激しくプレッシャーをかける

ドリブル後はパスかシュートしかないため、両足を大きく広げて相手に密着してピボットさせないようにプレッシャーをかける。両手はボールに合わせて動かしパスを出させない。

ワンパスアウェイ時のディフェンス

ワンパスアウェイとは？

ボールマンからほかの味方を越えることなくパスを出せる短い距離。一般的には5m前後。

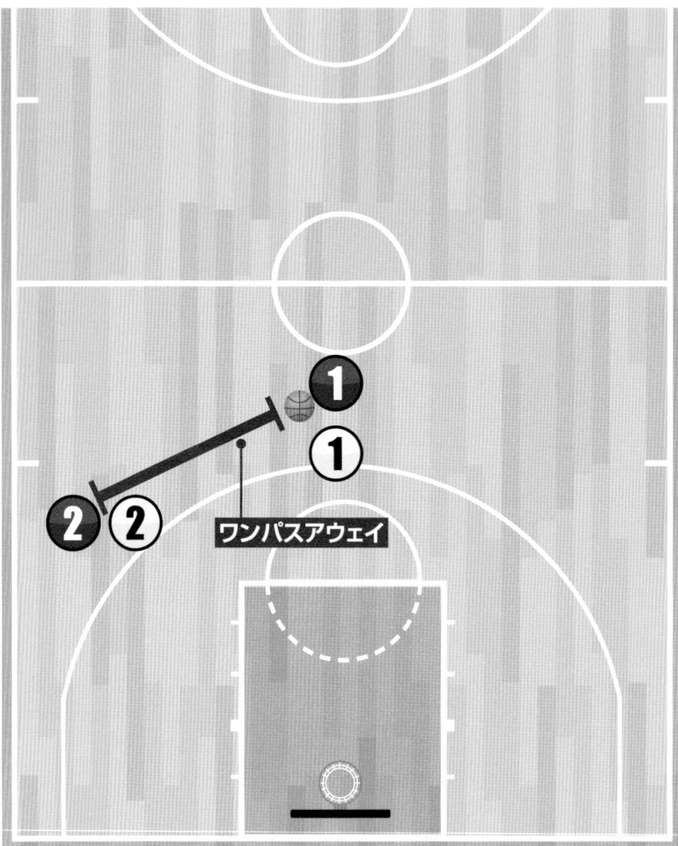

タイトなディナイでパスをけん制させる

ボールから5m程度の距離でつく（ワンパスアウェイ）場合は、ディナイという姿勢をつくる。この特長は、ボールマンから自分のマークマンへのパスコースに手をかざし、パスを出させることをけん制することにある。ディナイをタイトにすることで、相手の思い通りにパスを展開させないディフェンスができる。

また、相手がボールに近づこうとしたらバンプをするなど、ボールのないところでの正当なボディコンタクトも求められる。

状況判断のポイント

マンツーマンをしている状況で、マークマンがボールから近い距離にいるときにおこなう。

ボールと相手を視野に入れながらディナイする

マーク相手に簡単にボールを持たせないようにパスライン上に片方の手を出す。また逆の腕はヒジを曲げ相手を押さえられるようにしてつく。

マーク相手が動き出すことを想定しておく

カットの動きをしたらバンプで止める

パスを受けようとペイントエリアへカットしようとしたら、エリアの手前でカラダを当ててバンプで止める。

バックドアカットに備えて後ろ足にも体重をかけておく

バックドアカットを仕掛けてきたときに、すばやく反転できるように後ろ足にもある程度体重を乗せておく。

ツーパスアウェイ時のディフェンス

ツーパスアウェイとは？

ボールマンからほかの味方を越さなければパスを出せないような長い距離。一般的には10m前後。

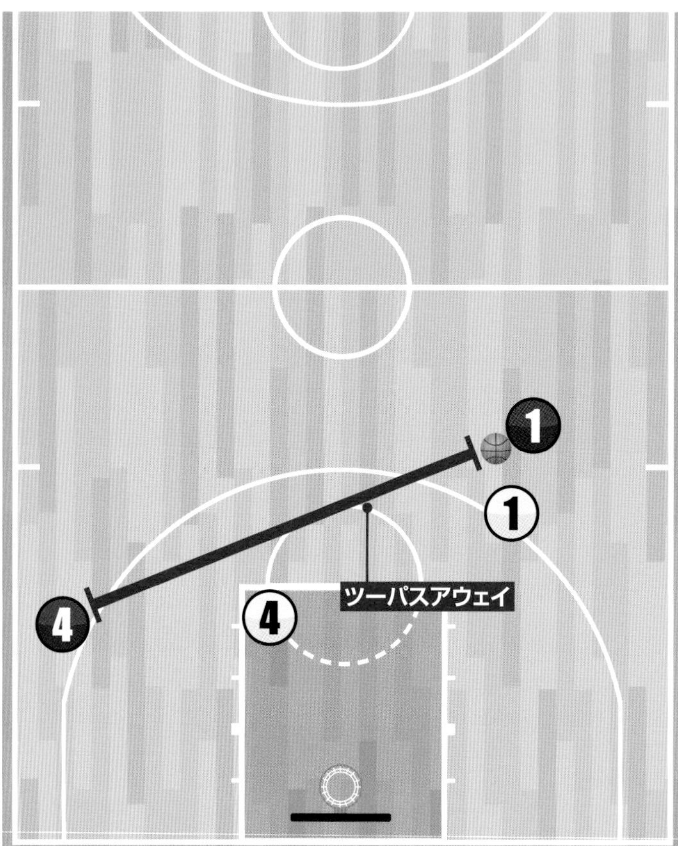

状況判断のポイント

マンツーマンディフェンス時に、マークマンがボールから遠い位置にいるときにおこなう。

ヘルプに行ける位置でポジショニングする

ボールから10ｍ前後の距離でつく（ツーパスアウェイ）場合は、ピストルという姿勢をつくる。この特長は、ボールとマークマンを視野に入れ、それぞれを指さしながらも、マークマンからは離れてミドルライン付近にポジショニングすることにある。そうすることで、ボールマンがドライブしたときにもすばやくヘルプに行くことができる。

もし、自分のマークマンにパスが通った場合は、すばやくクローズアウトしてプレッシャーをかける。

ボールと相手を視野に入れてピストルでかまえる

ボールとマークマンを指してミドルライン付近にポジションを取る。ここでの役割は、ボールマンのドライブに対するヘルプと、自分のマークマンへのチェック。

ボールやマークマンの動きにすばやく対応する

スキップパスでマークマンにボールが渡ったらクローズアウト

反対サイドにいるマーク相手に一度でパスが通ったら（スキップパス）、すばやく距離をつめてシュートチェックに行く（クローズアウト）。

マークマンがボールを受けに動き出したらバンプする

ペイントエリアなどでボールを受けようとマークマンがボールに近づこうとしたら、カラダを使ってその動きを封じ込める。

ボールサイドとは?

両方のゴールを結ぶミドルラインによってコートを縦に2分したとき、ボールがある方のサイドをボールサイド、またはストロングサイドとよぶ。

ヘルプサイドとは?

ミドルラインによってコートを縦に2分したとき、ボールがない方のサイドをヘルプサイド、またはウィークサイドとよぶ。

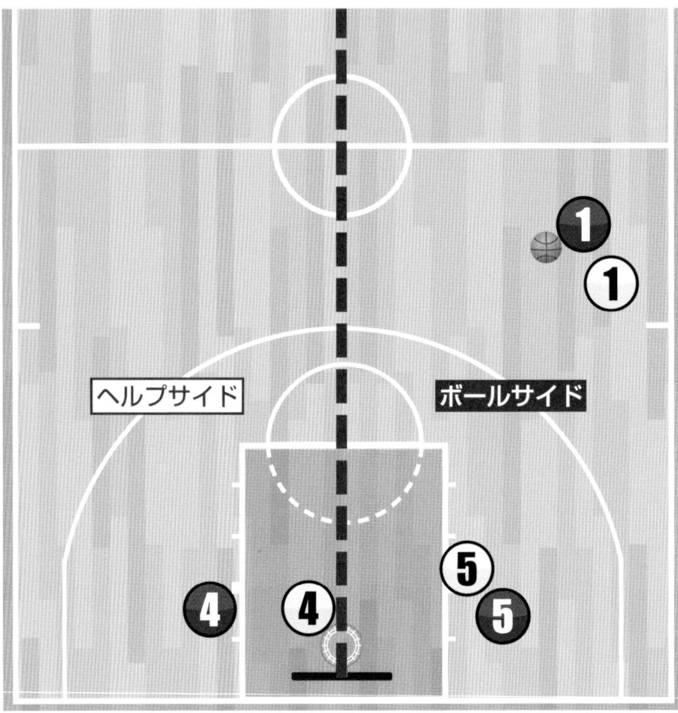

ゴールに直結するため多くの役割がある

インサイドでのマンツーマンは、マークマンがボールサイドにいるか、ヘルプサイドにいるかでつき方が変わる。

ボールサイドにいる場合は、アウトサイドからのパスをけん制するためディナイでつく。またアウトサイドでボールがトップから下りるときはマークマンの前を通り、ボールがウイングから上がるときはマークマンの後ろを通る。

ヘルプサイドでは、ハイポストへのフラッシュをバンプで止め、ボールマンのドライブにはすぐにヘルプへ行く。

4-4

マークにつく

マンツーマンディフェンス D

インサイドのディフェンス

状況判断のポイント

マンツーマンをしている状況で、マークマンがインサイドにいるときにおこなう。

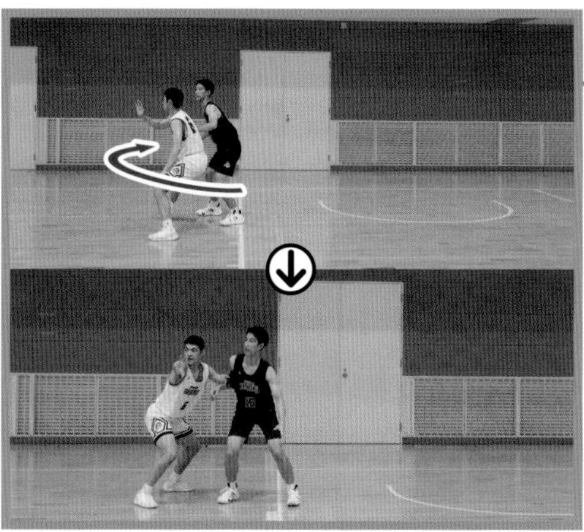

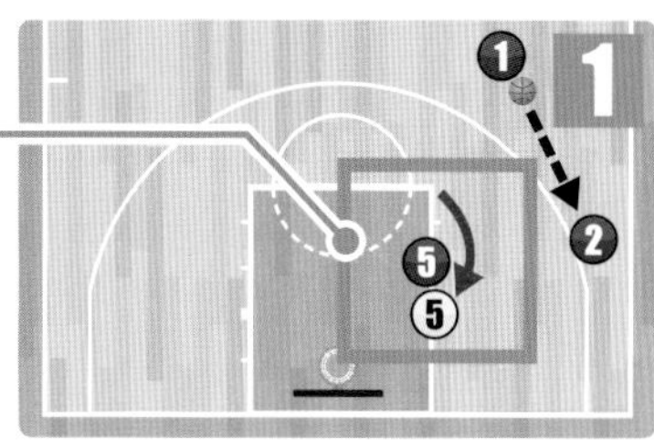

トップからウイングへのパスはマークマンの前を通る

このとき後ろを通ると簡単にパスを入れられてしまう。また通ったあとはディナイでつく。

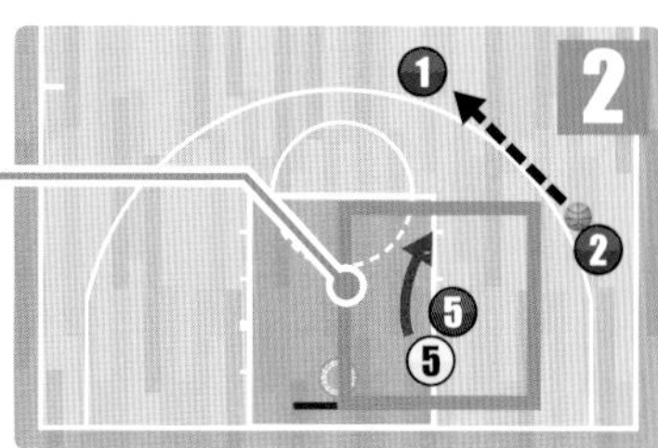

ウイングからトップへのパスはマーク相手の後ろを通る

このとき前を通るとロブパスを入れられてしまう。また通るときは外に押し出しながら後ろを通る。移動後もディナイでつく。

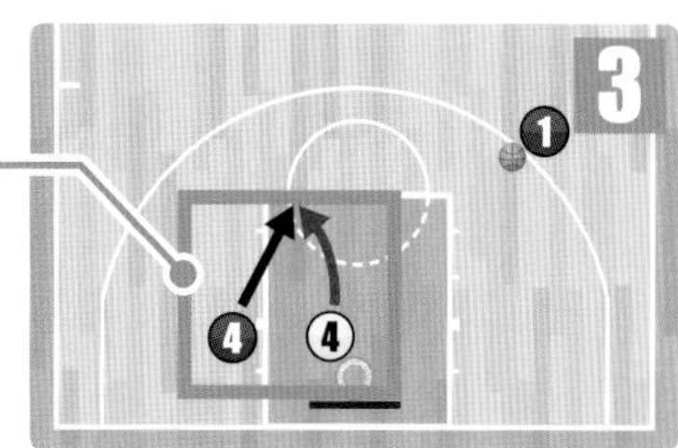

ヘルプサイドからのフラッシュはバンプで止める

ハイポストで受けようとヘルプサイドからフラッシュしてきたら、すかさずバンプで止める。相手の狙ったタイミングでパスをさせないことが大切。

ヘルプの動き ▶ ヘルプサイドから動く

ドライブや強力なインサイドにはチーム全員で連動する

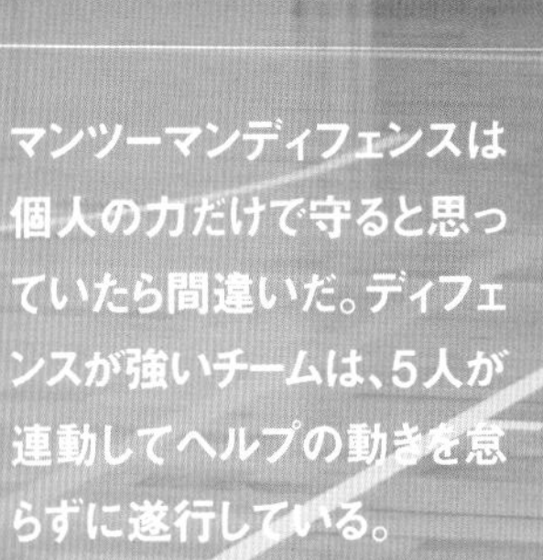

マンツーマンディフェンスは個人の力だけで守ると思っていたら間違いだ。ディフェンスが強いチームは、5人が連動してヘルプの動きを怠らずに遂行している。

どんな場面? 右45度からドライブを仕掛けられた。

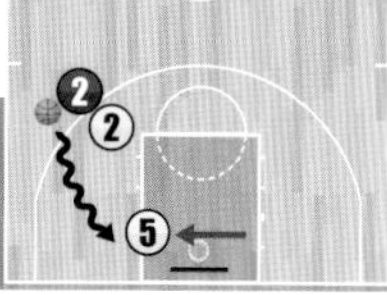

考え方 **ボールマンのディフェンス**と**ヘルプサイドにいる選手**でドライブを止める。

相手がドライブをはじめた

ドライブへのヘルプ

ペイントエリア手前で止める

ボールサイドと反対のヘルプサイドにいる選手が、ペイントエリアへの侵入を防ぐためにすかさずヘルプに行く。

▶▶▶ P162

どんな場面? 相手チームの強力なインサイドにボールが入った。

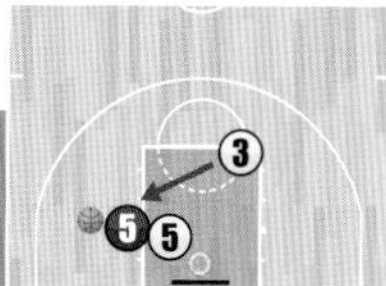

考え方 1人では止められないので**周りの選手**がヘルプに行く。

インサイドにボールが入った

強力なインサイドへのヘルプ

インサイドでは2人ではさむ

1人では止められないような強力なインサイドの選手には複数人で囲む。

▶▶▶ P164

4-5

ヘルプの動き

ヘルプサイドから動くA

ドライブへのヘルプ

状況判断のポイント

自分がヘルプサイドにいる状況で、ボールマンがドライブを仕掛けたときに有効なプレー。

ヘルプ後の動きはチームで決めておく

ヘルプサイドの選手は、ボールから離れているからと油断せずにボールと自分のマークマンを視野に入れてピストルでかまえておく必要がある。そしてボールマンがドライブをはじめたら、すかさずヘルプに行き、相手がペイントエリアへ侵入する前に止める。

また、ヘルプに行くことで自分のマークマンがフリーになってしまうので、近くにいる選手がローテーションをして守るなど、その後の動きはチームとして約束事を決めておくとよい。

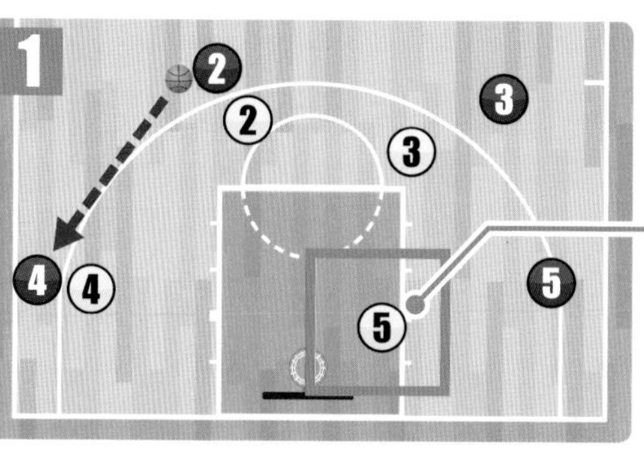

ピストルでかまえる

ヘルプサイドにいる③⑤はボールとマーク相手を指さしたピストルでかまえておく

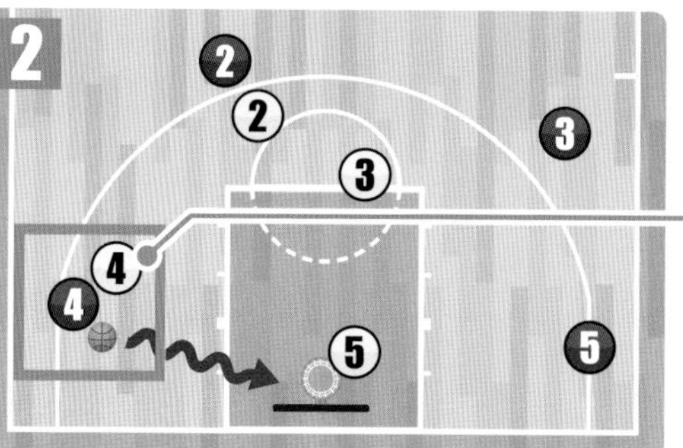

ベースライン側へ追い込む

ディフェンス④はベースライン側へ追い込む意識でついていくが、抜かれることを想定して⑤もヘルプへ向かう

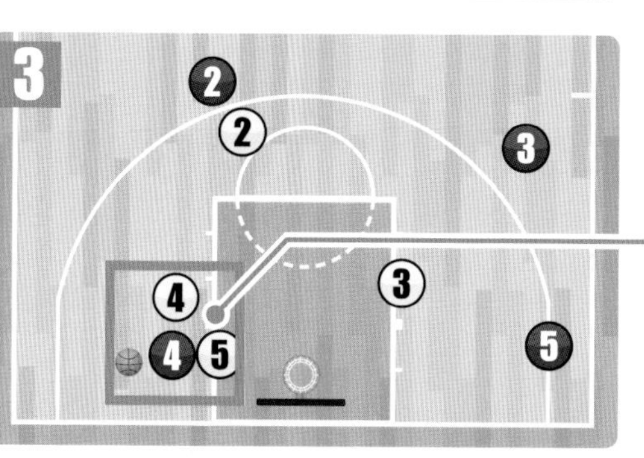

ペイントエリア手前に立つ

ヘルプサイドからヘルプに来たプレイヤー⑤はペイントエリア手前に立ち、侵入を防ぐ

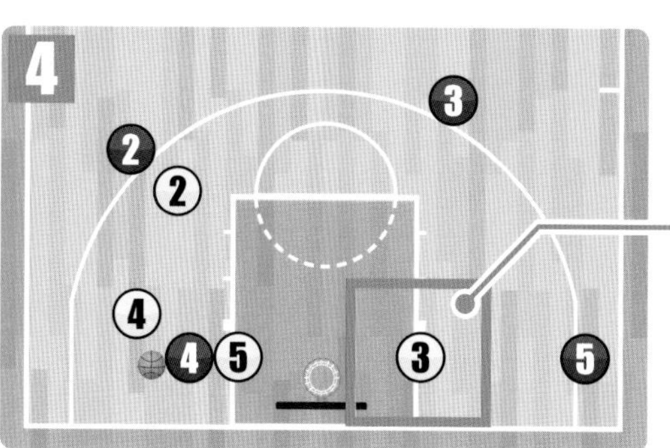

ボールに合わせて下がる

③はポジションを下げ、❸と❹にクローズアウトできるポジションでスキップパスなどに備える

強力なインサイドへのヘルプ

状況判断のポイント

相手チームのインサイドに、とても強力な選手がいるようなときに有効なプレー。

ダブルチームで相手に自由を与えない

バスケットボールでは、ときにひとりでは押さえることのできないほど強力なインサイドの選手を相手にしなければならない場合もある。

このような試合では、ダブルチームで挟むことがセオリープレーとなる。一人では押さえられないのだから、二人がかりで相手を止める。

もちろん、ダブルチームになることで、相手チームには必ずフリーの選手ができてしまうが、そこは残りの選手でローテーションをしながら埋めていく。

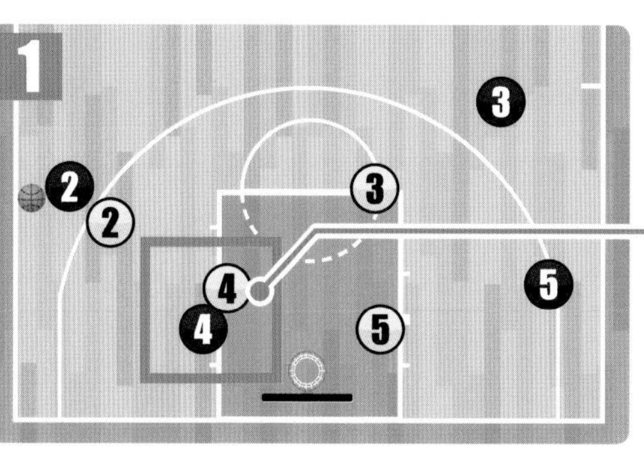

ディナイでつく

❷がボールを保持している状況では、❹に対して④はディナイでつく

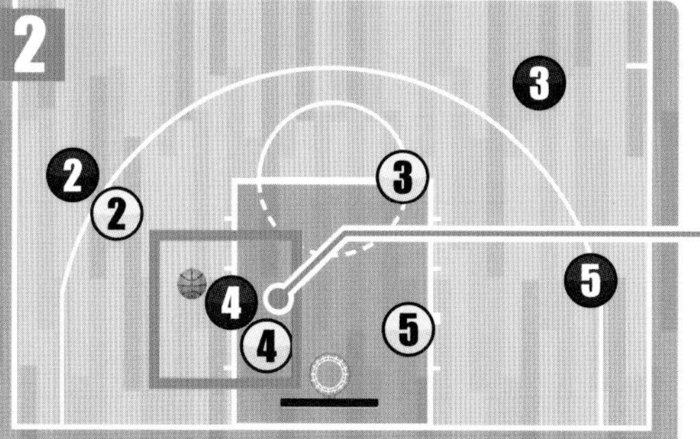

パスを入れられた

それでも長身な❹にパスが入れられてしまった

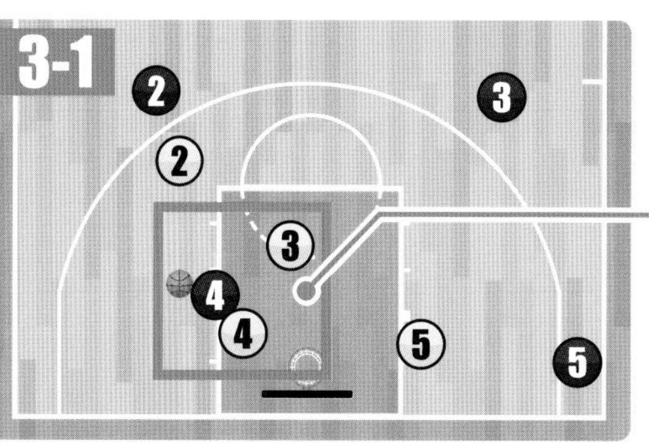

③と④ではさむ

ダブルチームでボールをとる。また❹が❺にパスを出させないように⑤は注意する

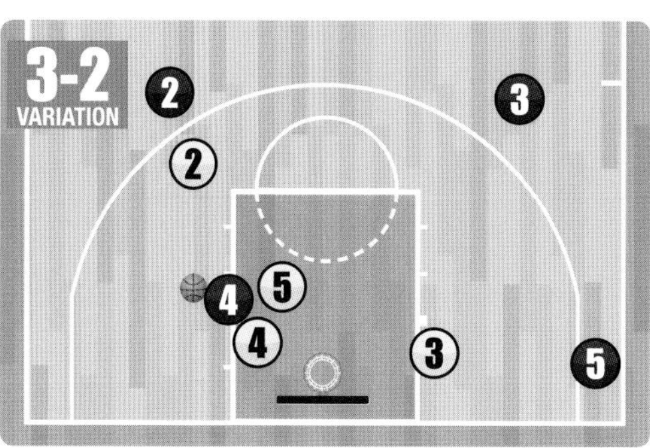

④と⑤ではさむ

ダブルチームに行くのは③ではなく⑤でもよい。ここはチームでルールをつくっておこう

リバウンドの動き ▶ 取ってから速攻へ

リバウンドを確実に取り すばやい速攻へつなげる

ディフェンスをうまく機能させ相手にタフショットを打たせても、リバウンドを取られてしまっては意味がない。ディフェンスリバウンドは確実に取り、すばやい速攻につなげよう。

チーム全員でマンツーマンを機能させた結果、相手はタフショットを打つしかなくなった。

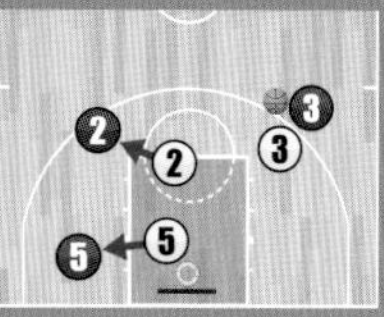

考え方

リバウンドは必ずとり、すばやく速攻へつなげたい。

ボックスアウト

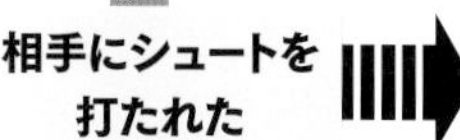

マーク相手をブロックする

カラダでブロックをつくり、マーク相手にリバウンドの競り合いに参加させないように阻止する。

▶▶▶ P168

キャッチング

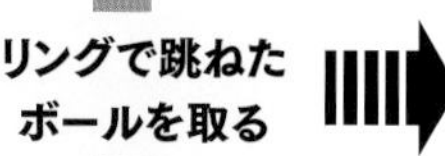

両手でしっかりつかみボールを下げない

リバウンド後にボールを下げるとスティールされやすいので、両手で正確にキャッチする。

▶▶▶ P170

アウトレットパス

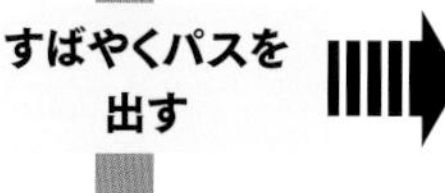

ボール奪取後はすばやくパスを出す

リバウンド後に最初に出すパスをアウトレットパスとよぶ。この受け渡しをスムーズにおこない速攻へとつなげる。

▶▶▶ P172

ボックスアウト

状況に応じたボックスアウトをする

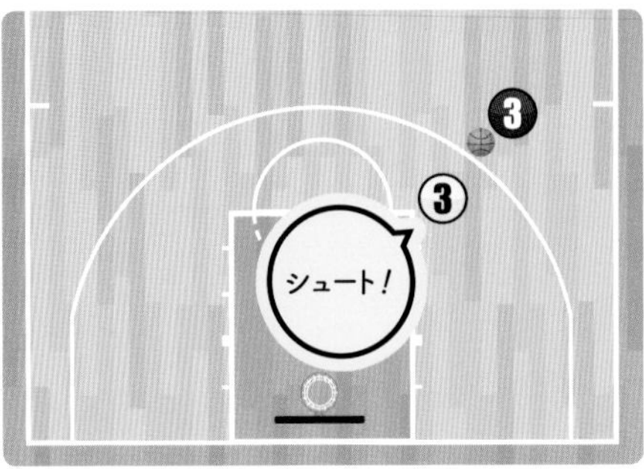

シューター
自分のマーク相手がシューターになったら、すぐに「シュート!」と叫び、味方に知らせる。

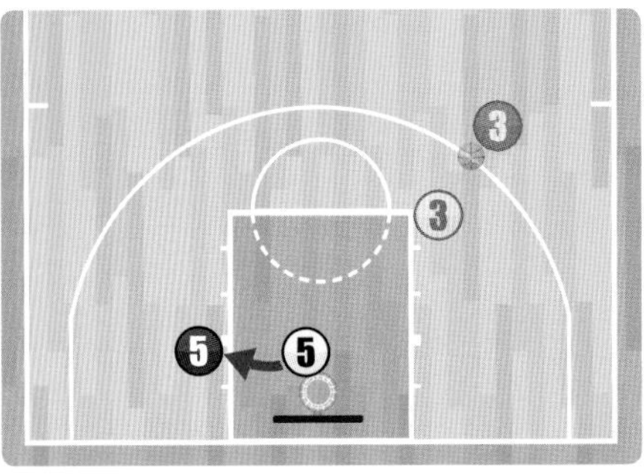

シュートの逆サイドのポスト
逆サイドはボールの落下地点になりやすいので、すぐにマーク相手に近づきボックスアウト。

シュートの逆サイドのペリメーター
ピストルでついていたため、マーク相手と距離がある。そのためすぐに近づいてボックスアウトする。

一瞬で勝負が決まるシュート後の駆け引き

相手がシュートを打ったら、シューターについていた選手は「シュート！」と声を出す。その声を合図に、残りの選手はボックスアウトをする。

ポイントはシュートの軌道を目で追わないこと。軌道を見ていると、足が止まり動作が遅れる。また同時にマークマンが視界から外れるので、そのスキに相手に前を取られ、逆にボックスアウトされてしまう。リバウンドは一瞬の駆け引きで決まるので、気を緩めずしっかりボックスアウトすることを心がけよう。

状況判断のポイント
マンツーマンディフェンス時に、相手がシュートを打ったときに効果的になるプレー。

3歩でおこなう基本のボックスアウト

1

1歩目で腕を当てる

「シュート!」という声を聞いたら、すかさず半身になりマーク相手に1歩目を踏み出しヒジを曲げて腕を当てる。

2

2歩目でリバースターン

そこからカラダを当て2歩目でリバースターン。背中、お尻、太ももを相手に当てて飛ばせないように押さえる。

3

3歩目で足を広げる

3歩目で足を大きく広げて壁をつくり腕を上げる。これがペイントエリア内に相手を入れない基本のボックスアウトとなる。

キャッチング

基本のキャッチング

1

まずは相手をボックスアウト

マーク相手をボックスアウトして自由に跳ばせないようにする

選手が密集するリバウンド後は注意

空中でリバウンドを取れたからといって安心するのはまだ早い。なぜなら着地後は相手チームにとってスティールを狙う格好の場となるからだ。

スティールを避けるためのポイントは、着地後にボールを下げないこと。着地と同時にボールを下げてしまうと、その瞬間にスティールされてしまうので気をつけよう。

また指を上に向けてボールを両サイドから挟むようにつかむことで、スティールされそうになってもボールを手離さずに持っていられる。

状況判断のポイント

確実にディフェンスリバウンドを取り、スティールを回避するためにおこないたいプレー。

2

両手で高い位置で取る

リバウンドを取るときは可能な限り高い位置で両手で取りに行くことを意識する

3

両足を広げて着地する

着地では両足を大きく広げカラダを安定させ、アゴの下で指を上に向けて両手でボールをつかむ

勝負の核心

タップアウトは
ショートコーナーがセオリー

ボールを取ることは難しいが、先に触れられるようなときは外に弾くようにタップアウトするのも有効だ。その場合はショートコーナーに弾く。

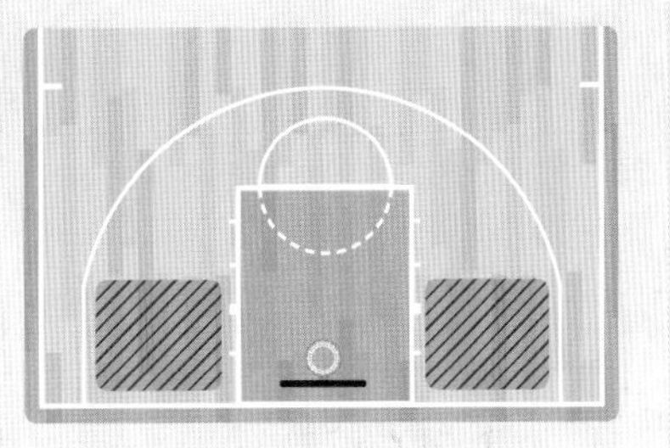

アウトレットパス

アウトレットパスを出す場所

リバウンドを取った場所から近い方のサイドレーンのフリースローの延長線上付近に出すのがセオリー。相手はカウンターに備えてミドルレーンを通ってすばやく自陣に戻るので、サイドレーンはフリーでパスを受けやすい。

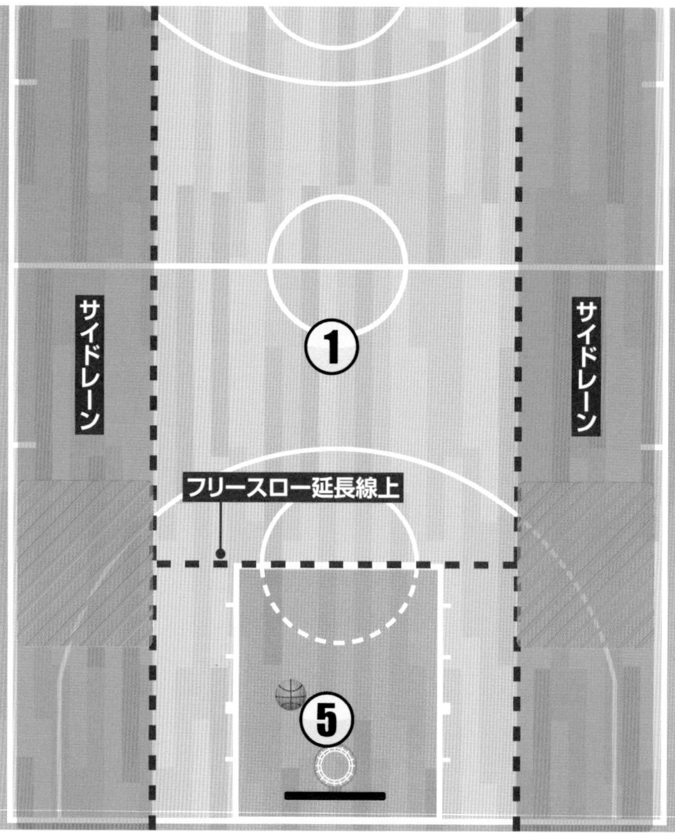

リバウンド後のパスは安易に出すべからず

リバウンド後のパスをアウトレットパスとよぶが、このパスも相手チームにとっては、ボールを奪う格好の場となる。

ここで急いで速攻につなげようと、目についた味方に安易にパスを出すと高い確率でパスカットされる。相手チームはミドルレーン沿いに自陣に戻るので、近くの選手に出すという考えは危ない。

アウトレットパスのセオリーはサイドレーンのフリースローの延長線上付近。ここならパスカットされず速攻につなげることができる。

状況判断のポイント

リバウンド後にパスカットを狙ってくる相手を回避して、速攻につなげるためのプレー。

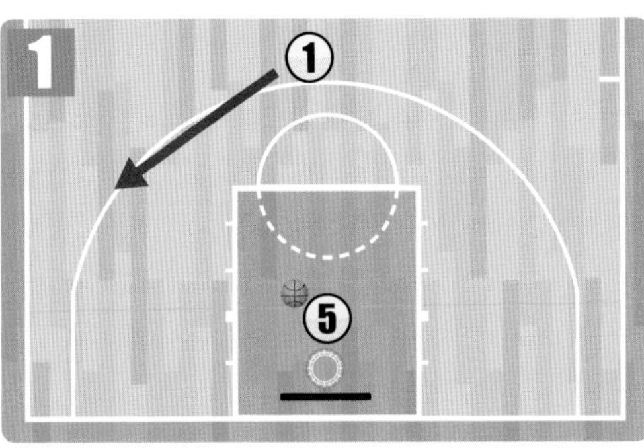

①がサイドに動く

味方がリバウンドを取ったら、すばやく①はアウトレットパスを受けられるエリアへ動く

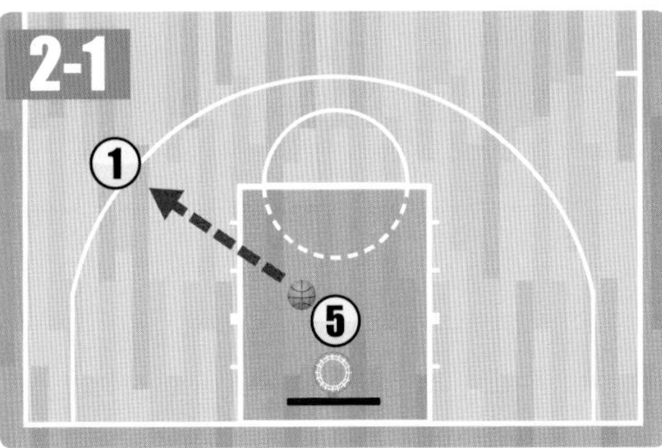

⑤が①へパス

リバウンドを取った⑤はサイドにいる①にアウトレットパスを出す

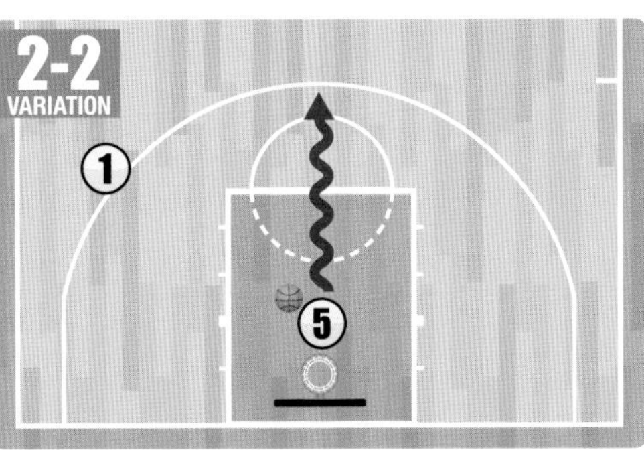

自らドリブルで運ぶ

目の前が空いていて、ドリブルに自信があるのなら⑤が自ら運び上がっても良い

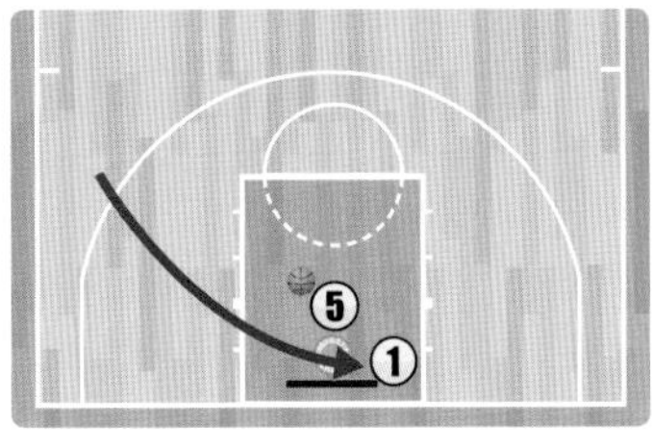

アウトレットパスが出せないときは

ボールをもらいに行く

相手のプレッシャーがきつく⑤がアウトレットパスを出せないようなときは、①が⑤のベースライン側から回り込むようにボールをもらいに行く。

おわりに

本書の題目である「セオリープレー」を理解することは、バスケットボールの選手、指導者の双方において大変重要なことである。

なぜなら、バスケットボールは常にいくつかの状況判断を経てプレーが成立するからである。

では、より良い状況判断をおこなうためには何が大切か?

それは、事前の状況把握（経験から成る予測を含む）である。起こりうる場面を把握、または予測することで自らのスキルを的確に用いることが可能となり、より精度の高いプレーへとつながっていく。

選手の皆さんは、現在ではインターネットを活用することで、さまざまなテクニックを習得することができる。しかしながら実戦に必要なのは、テクニックではなくスキルであることを忘れてはならない。

テクニックとは「技術」そのものであり、相手やプレッシャーを取り除いた状態で磨いたもの。その正確性を追求するためには、反復と継続により、無意識に動作が起こるまでカラダに叩き込む。

スキルとは、起こりうる状況に応じた想像・予測・正確な技術・創造という一連の流れであり、実にクリエイティブな作業である。

つまり、状況に応じたテクニックを用いることが本物のスキルであり、これこそが皆さんに必要なものだ。そのためには、常に自身のテクニックの向上（速さ・強さ・緩急のレベルアップ）を図ることはもちろん、リアクションスキルの練習にも時間を費やしてほしい。そして自らの課題を分析し、くり返し練習することが、上達に欠かせないプロセスであることを知ってほしい。

「できた！」で満足するのではく、身につけるという意識レベルでバスケットボールと向き合うことができれば、さらにゲームが楽しくなり競技の魅力を感じることができると、私は考えている。

福岡大学附属大濠高等学校バスケットボール部監督　**片峯聡太**

PROFILE

●監修

片峯聡太（かたみねそうた）

福岡大学附属大濠高等学校バスケットボール部監督

自身も福岡大学附属大濠高等学校バスケットボール部員としてインターハイ、ウインターカップを経験。卒業後、筑波大学へ進学。3年目に不動のスタメンとして1部昇格の原動力となり、4年目にはキャプテンとしてチームを牽引。卒業後は名将田中國明氏を引き継ぎ、22歳という若さで同高校バスケットボール部監督に就任。2014年には最年少インターハイ優勝監督となり、以降も全国大会で好成績を残している。

●モデル

福岡大学附属大濠高等学校
バスケットボール部の皆さん

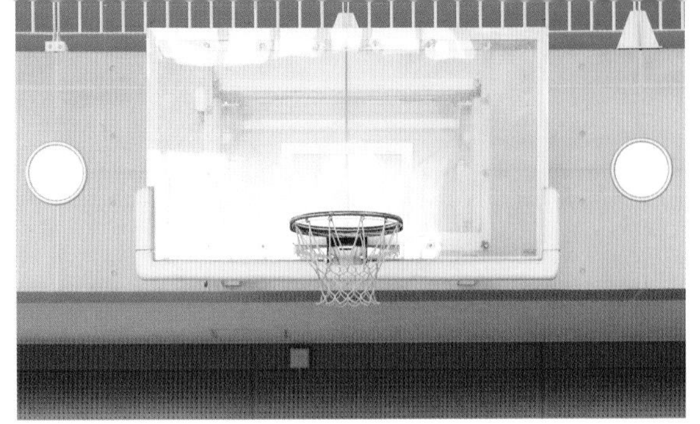

監修

片峯聡太

（福岡大学附属大濠高等学校バスケットボール部監督）

STAFF

制作

BeU合同会社

デザイン

三國創市

写真撮影

長尾亜紀

モデル

福岡大学附属大濠高等学校
バスケットボール部

企画編集

成美堂出版編集部
（原田洋介・池田秀之）

DVD付 バスケットボール 個人技とセオリープレー

監　修　片峯聡太（かたみねそうた）

発行者　深見公子

発行所　成美堂出版
〒162-8445 東京都新宿区新小川町1-7
電話(03)5206-8151 FAX(03)5206-8159

印　刷　株式会社フクイン

ISBN978-4-415-32962-8